Educar sem violência
CRIANDO FILHOS SEM PALMADAS

Educar sem violência
CRIANDO FILHOS SEM PALMADAS

LIGIA MOREIRAS SENA
ANDRÉIA C.K. MORTENSEN

PAPIRUS 7 MARES

Projeto gráfico	DPG Editora
Ilustração de capa	Karen Elis
Coordenação	Ana Carolina Freitas
Copidesque	Mônica Saddy Martins
Revisão	Edimara Lisboa, Isabel Petronilha Costa e Julio Cesar Camillo Dias Filho

Dados Internacionais de Catalogação na Publicação (CIP)
(Câmara Brasileira do Livro, SP, Brasil)

Sena, Ligia Moreiras
　Educar sem violência: Criando filhos sem palmadas/Ligia Moreiras Sena; Andréia Mortensen. – Campinas, SP: Papirus 7 Mares, 2014.

Bibliografia.
ISBN 978-85-61773-55-7

1. Crianças – Criação 2. Educação doméstica 3. Pais e filhos 4. Psicologia infantil 5. Punição corporal I. Título.

14-02808　　　　　　　　　　　　　　　　　CDD-155.41824

Índice para catálogo sistemático:

1. Crianças: Punição corporal doméstica: Psicologia infantil　　　　　155.41824

1ª Edição – 2014
10ª Reimpressão – 2022
Livro impresso sob demanda – 200 exemplares

Exceto no caso de citações, a grafia deste livro está atualizada segundo o Acordo Ortográfico da Língua Portuguesa adotado no Brasil a partir de 2009.

Proibida a reprodução total ou parcial da obra de acordo com a lei 9.610/98.
Editora afiliada à Associação Brasileira dos Direitos Reprográficos (ABDR).

DIREITOS RESERVADOS PARA A LÍNGUA PORTUGUESA:
© M.R. Cornacchia Editora Ltda. – Papirus 7 Mares
R. Barata Ribeiro, 79, sala 316 – CEP 13023-030 – Vila Itapura
Fone: (19) 3790-1300 – Campinas – São Paulo – Brasil
E-mail: editora@papirus.com.br – www.papirus.com.br

Ele me ensinou o valor inestimável da não violência, do amor, da cumplicidade e do respeito incondicional a uma filha.

Ela me ensina todos os dias a perpetuar esse legado.

Dedico esse livro e todo o amor que há nele a duas pessoas cujas existências costuram, tal qual linha harmoniosa de um intrincado bordado, meu passado, meu presente e meu futuro: ao meu tão amado pai, Lau, que partiu muito cedo, pouco antes de sua publicação, e à Clara, minha filha, que me ensina todos os dias o poder curativo da disciplina positiva.

A vocês, avô e neta, tão parecidos, sobretudo no poder de transformar a minha vida com base no mais puro e genuíno amor.

Ligia

A eles, que todos os dias me ensinam, me desafiam, como mãe e como pessoa e, principalmente, me amam e me mostram como amar incondicionalmente em retorno.

Lucas, que trouxe consigo uma profunda mudança em vários aspectos de minha vida, e Isabella, que veio para trazer ainda mais felicidade.

A eles, que me inspiram e que me movem a fazer alguma diferença nesse mundo.

Andréia

AGRADECIMENTOS

Nós agradecemos a todos os que têm nos acompanhado em nossos caminhos como mães, ativistas, moderadoras de grupos maternos e defensoras radicais da disciplina positiva. Agradecemos também a todas as mulheres que contribuíram com relatos espontâneos sobre suas formas de maternar, com o único objetivo de ajudar outras famílias e educadores e mostrar que a educação sem violência é totalmente possível.

Agradecemos especialmente aos mais de quatro mil participantes do grupo Maternidade Consciente, no Facebook, que contribuem diariamente para que tantas famílias possam refletir sobre suas práticas de criação e substituir a violência por empatia, compreensão, apoio e acolhimento.

Agradecemos a Heloisa de Oliveira Salgado e Mariana Amaral pela participação em dois diferentes momentos deste livro.

Agradecemos aos milhares de leitores do *blog* "Cientista que virou mãe" e da página "Crescer sem violência", que contribuem diariamente com comentários, questionamentos, opiniões e ideias voltados ao respeito ao parto e ao nascimento, à educação sem violência e à disciplina positiva.

Agradecemos a todos os que fazem de suas vidas um caminho que tantos trilham em busca de criar crianças de maneira amorosa e respeitosa, a fim de contribuir para um mundo futuro menos violento e mais equitativo.

Agradecemos especialmente a nossas famílias, pela oportunidade que nos dão diariamente de viver o mais pleno amor.

SUMÁRIO

PREFÁCIO 11
Daniel Becker

APRESENTAÇÃO:
VAMOS CONVERSAR SOBRE EDUCAÇÃO
SEM VIOLÊNCIA E DISCIPLINA POSITIVA? 17

1. A CRIANÇA É ESSENCIALMENTE BOA.
   ENTENDA SUAS FASES DE DESENVOLVIMENTO
   E OBTENHA FERRAMENTAS PARA EDUCAR 27

2. VÍNCULO: QUE TIPO DE LIGAÇÃO VOCÊ
   PRETENDE ESTABELECER COM SEUS FILHOS? 31

3. DIÁLOGO: USE SEM MODERAÇÃO.
   E NÃO SE ESQUEÇA DE PREPARAR A CASA 39

4. CORRIJA ADEQUADAMENTE: USE A RELAÇÃO
   "ERRO-CONSEQUÊNCIA" E NÃO "ERRO-PUNIÇÃO" 49

5. REFORÇOS POSITIVOS: UTILIZE-OS! 55

6. BIRRAS: POR QUE ACONTECEM? ENTENDER
   SUAS ORIGENS AJUDARÁ A LIDAR COM ELAS..........59

7. COMO NÃO CRIAR UM *BULLY*........................67

8. VAI DOER MAIS NELE QUE EM VOCÊ. SEMPRE.........73

9. AGRESSIVIDADE PARENTAL: DE ONDE VEM?
   COMO RECONHECER SINAIS DE DESCONTROLE?......79

10. VIOLÊNCIA EMOCIONAL E RESILIÊNCIA..............91

11. SOBREVIVER NÃO É O BASTANTE 97

12. NÃO TENHA MEDO: QUEBRE O CICLO!..............101

REFERÊNCIAS BIBLIOGRÁFICAS 111

PREFÁCIO

*Daniel Becker**

Há livros de histórias, e livros de não ficção. Livros de autoajuda ou de humor. Livros que explicam a ciência, livros que versam sobre o amor.

São poucos os livros que integram amor e ciência. Em que carinho e valores se encontram com as circunvoluções do córtex cerebral. Livros que nos falam com a mesma intimidade de fases do desenvolvimento e solidariedade, de estudos científicos e afeto, de estatísticas e empatia. Esses são livros preciosos. Este é um deles.

---

* Pediatra formado e com residência pela UFRJ, é mestre em Saúde Pública pela Fiocruz. Atuou no Médicos sem Fronteiras, na Tailândia, e é um dos criadores do Programa Saúde da Família e fundador do Centro de Promoção da Saúde (Cedaps), organização não governamental que é referência em saúde de comunidades populares. É colaborador do Unicef e da OMS, palestrante e consultor de fundações e empresas, além de ser pioneiro da pediatria integral, uma prática que amplia o olhar e o cuidado para promover o desenvolvimento pleno e o bem-estar da criança e de sua família.

Há muitos livros escritos para "ensinar" pais e mães a educarem filhos. A maior parte deles fala sobre desenvolvimento, hábitos, traz dicas para os primeiros cuidados: erros a evitar, alimentação, doenças, sono, higiene. A maioria deles tem fórmulas prontas, e a família que se encaixe nelas.

O livro que você está prestes a ler traz ao mesmo tempo pesquisas e depoimentos; oferece dicas mas discute, busca entender nossos erros e acertos. Promove um diálogo do nosso passado com o nosso futuro, o que permite a criação de um presente melhor. Transcende o contexto da família para dentro e para fora: por um lado nos ajuda a compreender melhor o desenvolvimento de nossos filhos em bases neurocientíficas; por outro, insere a família na coletividade, na sociedade, nos tempos em que vivemos. Além de tudo isso, este livro foi escrito como uma conversa aberta com o leitor; também por isso, ele é precioso.

Minha preocupação, como pediatra, palestrante e escritor, tem sido atualizar o debate e a reflexão sobre paternidade e maternidade nos dias de hoje. Os tempos mudaram, mas nossas famílias não. Continuam a se preocupar se a água deve ser filtrada ou fervida, enquanto servem venenos a seus filhos; se apavoram se as crianças andam descalças no chão frio, enquanto lá fora o clima esquenta e a crise ambiental ameaça o planeta.

Poucos temas poderiam ser mais relevantes para a modernidade do que a reflexão sobre a não violência e a disciplina positiva na educação. Perdidos numa atualidade em que convivem cada vez menos com seus filhos e filhas; em que são quase instados a substituir presença por presentes; em que são submetidos à mídia e ao mercado, que estimulam o preconceito e a alienação, que elevam crianças ao pedestal de reis e rainhas do lar; e em que perderam suas próprias referências familiares e de identidade, pais e mães enfrentam enormes dificuldades e angústias para educar seus filhos. É curioso que nesse contexto escreva-se tanto sobre "como dar limites" e tão pouco sobre não violência e amor.

Ligia e Andréia, ambas militantes da humanização do parto e do cuidado integral da criança e de seus direitos, defensoras da autonomia da mulher, decidiram escrever sobre a não violência na criação de filhos e filhas. Mas, na verdade, nos brindam com um livro muito mais amplo – um livro sobre educação amorosa. Como colocam muito bem as autoras, "podemos ensinar a uma geração de pais, criada em meio a um discurso coletivo de aceitação do castigo físico, que existem maneiras mais respeitosas, amorosas, saudáveis, humanas e cientificamente mais eficazes de educar os filhos".

Equilibrando neurociência, psicologia e ciências sociais por um lado, com afeto, maternidade e bom senso por outro, a "cientista que virou mãe" e sua parceira do movimento "Crescer sem violência" nos oferecem um diálogo que, literalmente, transcende fronteiras, pois foi escrito em parceria por duas autoras que não haviam se encontrado fisicamente e que discutem a essência do ato educativo e de suas consequências.

Ilustrando o texto com depoimentos muitas vezes pungentes, desarmam com argumentos ora científicos, ora amorosos, as muitas formas explícitas ou sutis de violência no seio da família. Oferecem alternativas, dicas, lembretes para cada situação onde a violência pode eclodir; e nos lembram das consequências de nossos atos na psique de nossos filhos, na projeção dos adultos que serão mais tarde, nas suas concepções morais, éticas, nas suas futuras relações familiares e sociais e na sua postura como cidadãos.

Vejo uma importância histórica nesta publicação – e me explico. Infelizmente, a atual geração de crianças vive sob uma ameaça civilizatória inexorável. Já é certo que nossos filhos sofrerão na pele as consequências da crise ambiental. O consenso dos cientistas aponta as duas grandes saídas para a mitigação da crise, para atenuarmos seu impacto: a redução da desigualdade e a justiça social, por um lado; e o consumo consciente e o comportamento sustentável por outro.

Como pais e responsáveis pelo futuro de nossos filhos, precisamos mudar nossas atitudes e mostrar a eles comportamentos sustentáveis, para que nos tenham como exemplo e modelo. É nossa obrigação como pais e mães. Mais do que isso, precisamos oferecer a eles a vivência da natureza. Para defender algo, é preciso amar. Para amar algo, é preciso conhecer, vivenciar, experimentar. Nossos filhos terão que defender a natureza e cuidar dela. É só através da vivência, de uma manhã na cachoeira, de um passeio na floresta ou de um dia na praia que eles aprenderão a amar essas maravilhas, e por isso defendê-las quando for necessário – e será.

Do mesmo modo, se queremos a redução da desigualdade, precisamos de crianças que vivenciem o amor e a não violência. Se no futuro teremos que cuidar melhor uns dos outros, defender a justiça social, é preciso que ensinemos a nossos filhos, agora, formas de relações mais amorosas e não violentas. É preciso que saibam respeitar o outro, negociar com cuidado, chegar até ele com empatia para trazê-lo, com argumentos racionais e afeto, a um lugar de consenso.

Precisamos de cidadãos para o mundo futuro que saibam cuidar do outro e do planeta. Só assim, como nas palavras das autoras, construiremos "um mundo menos violento e mais amoroso" – provavelmente o único mundo possível.

Estamos diante de uma obra, de uma ação no mundo, gerada pelo encontro entre duas mulheres em sua coerência. O que elas propõem neste texto é como vivem, como desejam ver o mundo e como atuam nele, pela sua militância. Do encontro entre crença, ação e ideal, nasce um livro. E por que escrevemos um livro? Responde o escritor e rabino Edward Feinstein:[1]

> Você escreve um livro, porque em algum lugar de sua alma você acredita que a sabedoria que ele contém vai fazer alguma diferença; vai mudar uma vida, pode até mesmo ajudar a transformar uma

---

1. Ver: http://www.vbs.org/cf_news/view.cfm?newsid=554.

cultura. Você escreve um livro para poupar alguém da escravidão a falsas ideias, da dor de tornar sua vida uma busca inútil e vazia. Você escreve um livro para atravessar tempo e espaço, e tocar outras vidas. Você escreve um livro como um ato de amor. E isso traz significado à sua vida.

✼

A única maneira de suportar a condição humana, com todas as suas inevitáveis crises, como ensinou Viktor Frankl, é descobrir e afirmar a finalidade para a qual vivemos. Se a vida tem um propósito, se adquire um sentido, o sofrimento é mais suportável, os dias nascem para serem mais intensos, a alegria brota mais facilmente.

Sabemos que sentido e propósito só se manifestam na dimensão do coletivo. Uma vida significativa se constrói não no consumo, no ter, mas na relação com o outro, no afeto e no convívio, nas nossas questões comuns. A educação amorosa é um grande passo para darmos mais sentido à vida: tanto pelo valor intrínseco que ela tem para nossos filhos como indivíduos e para o convívio familiar, quanto pelo que pode contribuir para a sustentabilidade planetária e para a justiça social – as grandes questões da nossa geração.

Este precioso livro vai contribuir para não apenas fazer do leitor um pai ou uma mãe melhor, um educador amoroso, mas também alguém que, com pequenos gestos, colabora na construção do mundo de que precisamos – nós e nossos filhos.

APRESENTAÇÃO

VAMOS CONVERSAR SOBRE EDUCAÇÃO SEM VIOLÊNCIA E DISCIPLINA POSITIVA?

Só é possível ensinar uma criança a amar, amando-a.
Johann Goethe

Bater em uma criança é aceitável?
O que está por trás do ato de dar uma palmada?
O que isso diz sobre a criação de quem bate?
O que é ensinado às crianças quando se usa violência física contra elas?
Por que alguns pais ainda batem em seus filhos?
O que as pesquisas têm mostrado sobre a suposta "eficácia" das palmadas como método de disciplina?
É suficiente existir uma lei que criminalize as palmadas?
Que tipo de abordagem é melhor quando se deseja ensinar aos pais formas mais respeitosas e amorosas de disciplinar os filhos?
Em que época da vida é mais favorável ensinar aos pais essas estratégias não violentas de educação?

O que dizem as pesquisas sobre as consequências da punição física infantil?

A ideia deste livro surgiu quando, em 2013, analisamos um editorial publicado no ano anterior pela revista científica *Canadian Medical Association Journal* (*CMAJ*), no qual John Fletcher, o editor, apresentava instigante reflexão sobre um grande estudo conduzido por pesquisadores canadenses. Eles analisaram pesquisas realizadas nos últimos 20 anos sobre castigos físicos infantis e divulgaram os resultados em artigo na própria *CMAJ* (Durrant e Ensom 2012).

Nós, como cientistas, pesquisadoras, mães, ativistas pelo respeito à infância, divulgamos, então, esse editorial a fim de fornecer um panorama científico resumido dos últimos 20 anos de pesquisas sobre os impactos da violência contra a criança e, assim, iniciar uma discussão a respeito da forma de educar os filhos sem usar a violência como ferramenta.

No editorial, intitulado "Diga sim à disciplina positiva e não à punição física", Fletcher (2012) discute algumas questões fundamentais relacionadas à prática das palmadas: ela é errada? Pais que usam a punição física são maus pais ou acreditam que estão disciplinando corretamente? A prática das palmadas deve ser criminalizada? Isso agiria sobre a raiz do problema? Quais as consequências, para a criança, de ser vítima desse tipo de violência? Quando ensinar novas técnicas de disciplina positiva aos pais, mães e cuidadores?

Fletcher nos conduz por uma discussão que não trata a prática das palmadas de maneira maniqueísta, classificando pais, mães e cuidadores que dela fazem uso como "maus pais" ou "bons pais". Pelo contrário: ele traz à discussão o fato de que muitos desses adultos afirmam que um bom tapa os ensinou sobre o que é certo e errado e que, portanto, acreditam verdadeiramente que as palmadas são válidas para ensinar o bom comportamento às crianças. Fletcher afirma, ainda, que tal crença é compartilhada por 90% dos pais de sua geração, além de cerca de 70% dos médicos de família e 60% dos pediatras, pelo menos no Canadá. Ele nos leva a um questionamento muito mais valoroso e eficaz do que apenas julgar os adultos que dão palmadas em seus filhos: elas são realmente eficazes? Ou estão sendo utilizadas sem atingir os objetivos que acreditam estar alcançando? O autor reflete sobre a meta-análise realizada por Durrant e Ensom (2012), que sugerem que a punição física está associada ao aumento dos níveis de agressão infantil, além de não ser mais eficaz em estimular a obediência quando comparada a outros métodos. E que, para além das consequências imediatas, está associada a problemas de comportamento na vida adulta, incluindo depressão, tristeza, ansiedade, sentimentos de melancolia, abuso de drogas, entre outros sérios problemas psicológicos.

  Fletcher vai além de pensar que basta desencorajar os adultos a punir fisicamente. Ele acredita que a reeducação de pais, mães e cuidadores é o que pode apresentar efeito positivo real. Para isso, sugere que a educação em disciplina positiva aconteça preferencialmente em fases da vida em que os adultos estão mais abertos e receptivos a mudanças, tais como o pré-natal ou quando a criança está prestes a entrar na escola.

Nosso objetivo com a divulgação desse editorial foi estimular a discussão contínua sobre a violência contra a criança e mostrar que, ao contrário do que alguns ainda acreditam, a punição física não é o melhor método para disciplinar nossos filhos ou as crianças de quem cuidamos. Além de perpetuar práticas violentas, ela traz consigo uma série de más consequências, com as quais as crianças precisarão conviver em idade adulta. Queremos, ainda, levar as famílias a refletir sobre o assunto e compartilhar experiências bem-sucedidas de educação não violenta e disciplina positiva, oferecidas espontaneamente por diferentes mães. É importante mencionar que não excluímos as experiências paternas de educação não violenta. Na verdade, quando abrimos espaço para outras pessoas compartilharem experiências como cuidadoras, apenas mulheres ofereceram seus relatos. E reforçamos: este livro não tem apenas as mães como alvo, uma vez que acreditamos que criar e educar as crianças de forma integral somente é possível quando há participação de toda a família e da sociedade.

Além de condenar as palmadas e surras, queremos sempre estimular o debate sobre de que forma podemos ensinar a uma geração de pais, criada em meio a um discurso coletivo de aceitação do castigo físico, que existem maneiras mais respeitosas, amorosas, saudáveis, humanas e cientificamente mais eficazes de educar os filhos.

Aprender a usar estratégias amorosas e não violentas para educar é possível. Sempre. Mas, para isso, é preciso querer, é preciso estar aberto e, sobretudo, reconhecer na criança o direito de ser amada e respeitada incondicionalmente.

Ninguém nasce sabendo ser pai ou mãe, essa é uma tarefa que aprendemos nas demandas cotidianas, quando nos tornamos genitores. Muito do que praticamos, trazemos de nossas experiências como filhos, mas sempre é possível mudar. Sempre é possível fazer diferente, se assim quisermos.

O que devemos lembrar, sempre, é que estamos criando novos seres, que precisam ser amados e respeitados, cuja educação precisa ser empática e acolhedora, não violenta e não opressora, se quisermos criar pessoas emocionalmente saudáveis, sem sequelas ou amarras emocionais ou instintos de agressividade.

As mais recentes pesquisas nos mostram, com frequência cada vez maior, que o uso de palmadas como medida de disciplina não é benéfico nem eficaz, ao contrário do que muitos pensam. E, pior: produz prejuízos de diferentes ordens à criança, tais como maior incidência de agressividade, tristeza, ansiedade, abuso de álcool e uso de drogas, entre outros problemas comportamentais no longo prazo (Durrant e Ensom 2012; Sena 2013).

Neste livro, iremos além dos estudos, em direção aos tantos bons exemplos que são dados diariamente por aí. Reforçadas, claro, pelo que já conhecemos sobre o desenvolvimento cerebral humano.

Partindo do princípio de que as palmadas ainda são, infelizmente, muito utilizadas, sabemos que apenas levantar essa discussão não basta. É preciso mostrar que educar sem bater é verdadeiramente possível; que muitas famílias encontraram um caminho inteligente na criação de seus filhos, um caminho que exclui a possibilidade de coerções físicas; que muitos de nós, pais, mães e cuidadores, conseguimos driblar o sentimento de impotência e transformá-lo em educação ativa, não opressora, respeitosa e afetuosa, que exclui verdadeiramente a violência como ferramenta.

Para isso, organizamos *doze pontos importantes*, que precisam ser discutidos por quem quer mudar a forma de agir e por quem quer entender melhor as consequências da violência contra a criança, da palmada à surra, passando pela violência emocional e psíquica.

Este é um texto que conta com a colaboração de muitas mães que ofereceram espontaneamente seus relatos, na tentativa de compartilhar suas experiências respeitosas de criação de filhos e, assim, ajudar outras famílias.

Vamos, então, conversar sobre os seguintes temas:

1. A criança é essencialmente boa. Entenda suas fases de desenvolvimento e obtenha ferramentas para educar.
2. Vínculo: Que tipo de ligação você pretende criar com seus filhos?

3. Diálogo: Use sem moderação. E não se esqueça de preparar a casa.
4. Corrija adequadamente: Use a relação "erro-consequência" e não "erro-punição".
5. Reforços positivos: Utilize-os!
6. Birras: Por que acontecem? Entender suas origens ajudará a lidar com elas.
7. Como não criar um *bully*.
8. Vai doer mais nele que em você. Sempre.
9. Agressividade parental: De onde vem? Como reconhecer sinais de descontrole?
10. Violência emocional e resiliência.
11. Sobreviver não é o bastante.
12. Não tenha medo: Quebre o ciclo!

Não é aceitável, em nenhuma hipótese, agredir uma criança, com palmadas ou qualquer outra forma de violência. Portanto, diante do desafio de não utilizar a violência como disciplinador, muitos pais, mães e cuidadores poderão se perguntar: "Então, como vamos disciplinar essas crianças?". Antes de partir para exemplos práticos e outras discussões que visem responder a essa pergunta, propomos uma reflexão em específico:

■ **Afinal, o que é educar? É apenas ensinar a obedecer?**

Não. Educar é transmitir valores, estimular o comportamento ético, empático, solidário, reflexivo, valores fundamentais, que acompanharão a criança por toda sua vida. É ensinar a tomar boas decisões em situações de conflito. É estimular a empatia. É exercer o diálogo. É reconhecer e valorizar os bons comportamentos. É conhecer as fases do desenvolvimento infantil, a fim de entender as diversas situações na jornada da educação e lidar melhor com elas. É, sobretudo, *dar bons exemplos*.

Dizer que uma criança só aprende na base da palmada é assumir a própria incapacidade de aprender novas estratégias de educação, de aprender ferramentas que usem o amor e a inteligência. É assumir que a violência é aceitável quando é com o outro, principalmente quando o outro é indefeso. É assumir que se é violento. Uma criança que deixa de fazer algo porque apanhou não é uma criança que aprendeu algo; é uma criança com medo, assustada. Uma criança que deixa de fazer algo porque alguém se dedicou a explicar a ela, amorosa e respeitosamente, as consequências de seus atos e de suas escolhas é uma criança que está sendo, de fato, preparada para a vida, que está sendo preparada para agir também assim no futuro. Sem agressões físicas ou emocionais. Afinal, é o que todos queremos: um mundo menos violento e mais amoroso.

Esperamos que este livro sirva de inspiração a pais, mães, cuidadores, educadores e todos aqueles que convivem com nossas crianças para que eduquem sem violência, física ou emocional, e iniciem – ou continuem – a busca por uma educação empática, afetuosa e acolhedora, como forma de ajudar a mudar a sociedade violenta na qual nos inserimos.

Vamos, então, conversar sobre nossos filhos? Vamos falar sobre características fundamentais, que tantas vezes passam despercebidas, em razão da correria do dia a dia, dos tantos problemas que temos de resolver, das questões básicas e imediatas, como amamentação, alimentação, desfralde, escola, amiguinhos, saltos de desenvolvimento, conflitos familiares? Vamos falar das crianças?

Seja bem-vindo a esta conversa! Procure se lembrar, durante a leitura, de situações vividas no cotidiano de sua família e transponha os exemplos. Vamos juntos construir uma forma mais afetuosa de criar novos seres, a fim de construir um futuro diferente, mais justo, equitativo e não violento.

1

A CRIANÇA É ESSENCIALMENTE BOA. ENTENDA SUAS FASES DE DESENVOLVIMENTO E OBTENHA FERRAMENTAS PARA EDUCAR

Diferentes autores concordam em um ponto: as crianças são essencialmente boas. Nascem criativas, sedentas por estímulos, curiosas e espontâneas. Para que se mantenham assim, precisam que suas necessidades afetivas sejam supridas de maneira tão importante quanto suas necessidades físicas. Nosso bem-estar, como seres humanos, está intimamente ligado à capacidade de nossos cuidadores de suprir todas essas necessidades: fisiológicas, de segurança, amorosas, afetivas, de autoestima e autorrealização (Hagerty 1999). Assim, é fácil entender que somos nós, mães, pais e cuidadores, que precisamos nos preparar para atender adequadamente às necessidades fundamentais das crianças sob nossos cuidados.

Não é razoável supor que basta atender a suas necessidades físicas – fome, higiene, sono etc. – enquanto se desconsideram e ignoram seus estados emocionais. E é isso o que fazemos quando, embora atentos às suas necessidades físicas imediatas, infligimos dor, humilhamos e confundimos.

Dor, humilhação e confusão mental são estados associados ao uso das palmadas.

Sobre isso, Carlos González (2005, p. 120), pediatra espanhol conhecido por seu respeitoso trabalho em defesa da educação integral e não violenta das crianças, autor do livro *Bésame mucho*, afirma o seguinte:

> Crianças criadas com carinho e respeito são carinhosas e respeitadoras. Não durante todo o tempo, claro, mas durante a maior parte do tempo. Essa é a tendência natural, pois, no ser humano, a cooperação com outros membros do grupo é tão natural como andar e falar. Para conseguir que as crianças se tornem agressivas, temos de empurrá-las de alguma maneira para afastá-las do caminho habitual. Crianças educadas com gritos gritam. Crianças educadas com palmadas também batem nos outros.

※

Assim, para abrirmos as portas a uma educação baseada na disciplina positiva e alicerçada no respeito e no amor incondicional, é preciso desconstruir o mito de que as crianças são seres terríveis, impossíveis de controlar e que, ao menor descuido, dominarão nossas vidas por completo. Mais ainda: é preciso abraçar a ideia de que as crianças são e estão abertas ao diálogo e nos observam o tempo todo – o que reforça o fato de que nosso *exemplo* é a ferramenta mais poderosa na educação infantil.

Se as crianças não são más, se são essencialmente boas, se estão abertas a influências positivas, se podem ser conduzidas com respeito, o que explica, por exemplo, o fato de um bebê de um ou dois aninhos ser capaz de se jogar no chão, gritar e espernear, em um comportamento que muitos rotulam, equivocadamente, de birra? Onde está a essência boa da criança quando ela está em crise ou surto?

Você só vai conseguir lidar empaticamente com situações assim quando entender que esse comportamento faz parte do desenvolvimento normal e natural das crianças. Um bebê e uma criança bem novinha se jogam no chão, gritam e fazem birra como resultado de uma *frustração* e de *não saber o que fazer com ela*. Não estão agindo assim para aborrecer os pais. Eles sequer têm aparato neurobiológico para planejar uma ação de "aborrecimento dos pais". Agem assim porque não têm elementos para expressar seus sentimentos de outra forma. Desse modo, é fácil compreender que não precisam de palmadas ou de um comportamento agressivo que os contenha e, sim, de ajuda e acolhimento, a fim de sair desse estado de hiperagitação. A birra nada mais é que um estado de hiperagitação, hiperestimulação, uma resposta a algo que está fora da rotina ou que está desagradando, tal como fome, sede, desconforto físico, aborrecimento, cansaço, tédio, angústia, medo e uma série de outros estados físicos e/ou emocionais. A criança não precisa de repreensão. E, se não precisa de repreensão, esta será inútil e somente aborrecerá o cuidador e agravará a hiperagitação. Repreender significa interpretar o comportamento da criança como o que se chama por aí de "malcriação" quando, na verdade, ela está apenas expressando uma *frustração* com as ferramentas de que dispõe.

Se você entende isso, se compreende que cada fase da criança tem uma característica, em razão de seus estágios de desenvolvimento, fica fácil perceber que não é possível exigir algo que não se pode obter, e não por maldade ou má vontade da criança, mas por incapacidade natural. Seria o mesmo que exigir de você conhecimentos avançados em termomecânica quando você não os detém – isso beiraria a crueldade, não é mesmo? O mesmo vale para a criança: não é possível exigir dela um preparo emocional ou um manejo do próprio comportamento para o qual ela ainda não está preparada, para o qual ainda não dispõe de aparato adequado. Assim, se você exige um comportamento moderado, controlado e sensato das crianças pequenas em todas as situações e elas não se comportam assim, o erro não é delas, é seu. Conhecer as características de cada fase do desenvolvimento infantil lhe dará bases mais realistas do que é possível esperar e facilitará seu comportamento empático com todo o repertório comportamental de seu filho. Não é coerente nem inteligente agredir um filho porque ele não se comportou como você esperava, sobretudo porque, na maioria das vezes, sua expectativa está muito além do que é possível para ele. Agredir, nesse caso, é atestar seu desconhecimento sobre infância. Ninguém nasce sabendo como criar uma criança, mas, uma vez que se tenha acesso a esse tipo de informação, é sua escolha usá-la a seu favor e a favor do crescimento emocionalmente íntegro e saudável de seu filho ou ignorá-la e continuar a manter o ciclo da violência, que gerará apenas mais indivíduos violentos.

2

VÍNCULO: QUE TIPO DE LIGAÇÃO VOCÊ PRETENDE ESTABELECER COM SEUS FILHOS?

Você há de concordar: todas as crianças estabelecem fortes ligações com pais, mães e cuidadores. Isso é indiscutível, mas não significa dizer que essas ligações sejam construídas sobre bases positivas ou que sejam saudáveis, emocionalmente prazerosas, sólidas e seguras. A qualidade do vínculo depende da forma como conduzimos, orientamos e disciplinamos nossas crianças. Se utilizamos com nossos filhos a violência, física, verbal ou emocional, obviamente estamos estabelecendo vínculos inseguros e frágeis. Se utilizamos a empatia, o acolhimento, a não violência e a disciplina positiva, o vínculo que se estabelece é baseado no respeito, na segurança, no envolvimento ativo e, portanto, é muito mais duradouro e saudável.

Foi isso o que nos explicou a psicóloga Heloisa de Oliveira Salgado. Heloisa é psicóloga formada pela Universidade de São Paulo, especialista em Psicologia da Infância pelo Setor de Saúde Mental do Departamento de Pediatria da Universidade Federal de São Paulo e mestre pelo Departamento de Saúde Materno-Infantil da Universidade de São Paulo. Ela é, também, mãe do Gabriel. Conversamos com ela sobre a questão do vínculo e de que maneira o uso de palmadas e outros tipos de violência como forma de disciplina podem interferir na formação e na qualidade desse vínculo. Segundo Heloisa, quando se fala em vínculo, é preciso pensar que ele pode ser estabelecido de diferentes formas: "Ainda que, inicialmente, consideremos o termo como algo sempre bom e positivo – dizendo, por exemplo, 'aquela criança estabeleceu vínculo com seus cuidadores' –, é preciso lembrar que nem todo vínculo é seguro e saudável" (comunicação pessoal). Ela cita uma condição que mostra exatamente isso: a Síndrome de Estocolmo:

> Por definição, trata-se da resposta emocional de uma pessoa – a vítima –, que se encontra extremamente vulnerável, para se vincular ao agressor. Não raro, a vítima se sente identificada com ele, demonstra ternura e amor e pode, até, tornar-se cúmplice. Essa síndrome foi descrita inicialmente para definir o comportamento apresentado pelas vítimas de um famoso sequestro que ocorreu na cidade de Estocolmo, na Suécia, em 1973. Desde então, a psicologia vem utilizando essa definição para descrever o comportamento de vítimas em outras situações, como, por exemplo, a das crianças vítimas de abuso, de violência doméstica, a dos prisioneiros de guerra e outros. Há autores que chegam a descrever essa síndrome como um comportamento social, por exemplo, de cidadãos submetidos a injustiças por seu governo ou por instituições, mas que os enxergam como seus benfeitores. (Comunicação pessoal)

Partindo desse ponto, Heloisa explica que, quando se fala em vínculo entre pais, mães e filhos, é preciso questionar que tipo de vínculo é esse e como ele foi formado, qual é o tipo de interação que existe entre as pessoas, e cita diferentes tipos de interação parental para exemplificar alguns dos diferentes tipos de vínculo que podem ser estabelecidos:

> Existem pais que estabelecem vínculo de cuidado e proteção, mas que não respeitam a individualidade do filho. Outros estabelecem vínculos de dependência com as crianças e acabam não conseguindo agir da maneira madura que se esperaria de um cuidador. Existem também aqueles que estabelecem vínculos de culpa e acabam sendo muito permissivos, aceitando facilmente a barganha, apenas para não se sentirem ainda piores. E existem os que estabelecem vínculo com o único propósito de agredir outra pessoa por intermédio dos filhos, em geral, o cônjuge de quem está se separando ou do qual já está separado. Este último caso leva a outra síndrome: a Síndrome da Alienação Parental, bem conhecida em relações nas quais existem disputas de guarda de filhos e/ou processo litigioso de divórcio, em que um dos pais estabelece uma relação bastante perigosa e inadequada com a criança, buscando influenciá-la, a fim de conseguir benefícios e vantagens no processo, colocando-a contra o cônjuge, que é atacado e diminuído, para que aquele que ataca e diminui possa se sentir "mais amado", "querido" e "importante" e, sobretudo, criando e reforçando a noção de que, naquela família, um lado representa o "bem" e o outro, o "mal". (Comunicação pessoal)

Engana-se quem acredita que esse tipo de comportamento é diferente e menos nocivo que a prática das palmadas. Não é.

Trata-se de outro tipo de violência, mas é, ainda, violência, tão ou mais nociva, uma vez que altera de maneira profunda a forma como a criança vê e interpreta o mundo, a forma como ela significa os próprios pais e, especialmente, a forma como vê a si mesma. Não raro, crianças envolvidas em processos violentos de alienação parental se veem como causadoras das disputas entre os pais, o que gera acentuada diminuição da autoestima, embotamento afetivo e culpa. Assim, perguntamos: que tipo de vínculo está sendo estabelecido entre essa criança e seus pais? É um vínculo seguro? Essa criança vai se sentir acolhida, segura, amada e amparada para crescer psiquicamente forte e saudável? Não se surpreenda com a resposta negativa.

Neste ponto, você pode estar se questionando: mas, afinal, o que é um vínculo seguro e saudável? Heloisa novamente nos auxilia nessa questão. Ela afirma que é mais fácil olhar e perceber vínculos que não são saudáveis e, com base neles, supor quais seriam os saudáveis, por contraposição. Por exemplo: uma vez que vínculos inseguros deixam a criança instável, carente, desconfiada, insegura, com atrasos no desenvolvimento geral (psicomotor e social) e com sintomas psicofisiológicos variados, é fácil perceber que o vínculo seguro e saudável é aquele que não gera tudo isso. A prática da violência como forma de disciplina gera exatamente isto: indivíduos instáveis, carentes, desconfiados, inseguros, e – o que pode ser ainda pior – que confundem amor com violência ou aceitam que a violência também seja uma manifestação do amor. É claro, portanto, que educar com violência não gera qualquer tipo de vínculo seguro e saudável, pelo contrário. A disciplina positiva, baseada na compreensão da criança e de suas necessidades, excluindo totalmente a prática da violência, contribui, assim, para a construção e a solidificação de vínculos seguros, saudáveis, para que a criança cresça estável, forte, segura, sem problemas de autoestima, sem considerar o outro como seu opositor e, principalmente, sem aceitar a violência como ferramenta de mediação de conflitos.

É importante mencionar o seguinte: a qualidade do vínculo entre pais e filhos pode ser *duplamente* influenciada, em razão do tipo de cuidado parental que se escolhe praticar. O que isso quer dizer? Simples: pais que praticam uma educação violenta, que usam palmadas e outras práticas opressoras e agressivas, estabelecem com seus filhos um vínculo inseguro e nada sadio. Essa insegurança do vínculo leva os próprios pais a aceitar, cada vez mais facilmente, a violência como forma de educação. Enquanto isso, as crianças, pouco vinculadas positivamente com seus pais, podem se tornar mais difíceis, menos comunicativas, mais suscetíveis a comportamentos explosivos ou a crises comportamentais. Isso incita ainda mais a violência dos pais, estabelecendo um círculo vicioso extremamente prejudicial e perigoso. Se analisarmos ainda mais profundamente, o vínculo inseguro estabelecido nesse tipo de relação parental não se limita apenas a esse universo imediato, formado pelos pais e pelo filho. Ele se perpetua na aceitação da violência por essa criança, que, caso não encontre outros modelos de cuidado ao longo da vida, tem grandes chances de se tornar um adulto que aceite a violência como forma de interação e, consequentemente, de estabelecer novos vínculos inseguros com as pessoas ao seu redor – com seus possíveis filhos também.

Heloisa reforça: não há dúvida de que algumas formas de vínculo deixam a criança suscetível à violência. Ela propõe a seguinte situação: imagine uma criança que vive em uma família na qual é permitido e aceitável resolver problemas com agressões físicas e verbais. Se a criança faz algo que é reprovado pelos pais, ela apanha, escuta gritos e ameaças. Se a mãe faz algo que o pai reprova, a mulher apanha e/ou escuta gritos e ameaças. Se o pai faz algo que a mãe reprova, há novamente gritos e ameaças – esse é o formato mais comum, quando um homem agride fisicamente a mulher e não o contrário, pois estatisticamente, no Brasil, é assim que acontece e não o inverso. Diante dessa situação, qual será o formato de vínculo pais-filhos e homem-mulher que a criança introjetará? Heloisa afirma:

> Crianças aprendem com a experiência. Mesmo que diariamente seja feito um sermão antiviolência, se comportamentos violentos acontecem na família, que é o espaço de maior intimidade e respeito da criança, essa será a referência que ela usará para formar seus conceitos, estabelecer suas relações sobre o que é bacana, normal, saudável. Para ela, não há significados em palavras mas, sim, em

ações. Então, se nessa família há permissividade para a violência, seja do formato que for, isso fará parte do processo de aprendizagem da criança sobre o que é ideal no relacionamento com alguém, no presente ou no futuro. A referência será o vínculo que foi estabelecido entre os pais e essa criança. (Comunicação pessoal)

3

DIÁLOGO: USE SEM MODERAÇÃO. E NÃO SE ESQUEÇA DE PREPARAR A CASA

Muitos pais alegam que usam a palmada "em último caso", quando a conversa já não surte efeito ou quando as crianças estão em processo de birra, para dar um susto e suspender, assim, aquele comportamento. No entanto, é preciso entender que, muitas vezes, uma conversa só não é suficiente. É preciso repetir e tornar a repetir muitas e muitas vezes, numa linguagem acessível à criança, de acordo com sua idade. Por isso, paciência será sempre fundamental.

Apesar de quase irresistível, o ideal é economizar no *não* e focar no *sim*. Não estamos falando em permitir tudo o que a criança quiser a partir de agora. Estamos falando de oferecer *opções*. Em vez de simplesmente proibir algo – e dar uma palmada, caso a criança não obedeça –, redirecioná-la para outra atividade é muito mais eficaz e coerente. Dar palmada quando a criança faz algo que foi proibido não ensina, não educa, não orienta, apenas pune momentaneamente.

Veja este exemplo. Se dissermos a você "não pense em maçã!", em que você pensará imediatamente? É por isso que, quando você diz "filha, não pule no sofá!", ela continua a pular. Se você disser "filha, venha pular aqui neste tapete, ou nesta pilha de travesseiros, ou nesta grama", isso fará mais sentido para ela. Se você disser "filha, venha cá, vamos dançar juntas!", melhor ainda, a energia da criança que está pulando no sofá será direcionada para uma atividade feita com a mãe, o pai, o cuidador, com empatia e amor.

Outro exemplo. Em vez de "menino, você não pode ver televisão antes de fazer a lição de casa!", você pode dizer "quer ver televisão? Tudo bem, mas primeiro vamos fazer a lição de casa". Menos *nãos*, mais opções.

A experiência compartilhada por esta mãe pode ser bastante útil:

> Aqui, a pequena tem dez meses e minhas batalhas têm sido: não tirar o chapéu quando vamos passear, não colocar coisas muito pequenas na boca (como pedrinhas), não pegar coisas na casa dos outros.
> O que eu comecei a fazer foi formular as frases sem o "não", porque percebi que é realmente confuso para a criança. A gente age no automático e já grita: "Não mexa aí!", e não percebe que há várias informações implícitas nessa frase que são óbvias somente para nós! Por exemplo, o "aí" quer dizer o quê? (...) Que substitui algo na frase, ou seja, a gente pede para não mexer em algo que a gente sabe o que é, mas que não especificou para a criança o que é.
> E o "não"? Significa que você vai inverter o significado do que vem na frente. A gente manda fazer o contrário de "mexer", algo que a gente nem disse o que é, e espera que a criança adivinhe.
> O que exatamente significa "não mexer"? É difícil explicar sem usar o não. E se a gente, que é fluente na língua, tem dificuldade em

explicar, como é que a criança vai saber se ainda nem fala direito?! Dizer "não mexa aí" é exatamente igual a "vai, mexa aí" na cabecinha dos pequenos. Depois que descobri isso, parei de usar o "não" em frases de comando. Uso algo como "o chapéu fica na sua cabeça" em vez de "não tire o chapéu". Uso "a pedra/bola de gude/moeda (o que quer que seja pequenininho e que ela sempre acha e quer colocar na boca) fica fora da sua boca", e a impeço de colocar na boca, se for necessário.

Uso "sua mão fica longe desse enfeite/bolsa/vela (o que quer que seja que ela queira pegar na casa de alguém)". E aí eu redireciono, ofereço alternativa, se possível.

※

É importante mencionar também que, na fase dos dois anos, quando a criança começa a apresentar uma série de novidades comportamentais (fruto de suas descobertas), um melhor entendimento do mundo ao redor, extrema curiosidade e vontade de experimentar todas as situações – fase a que muitos se referem como a idade difícil dos dois anos (conhecida como *terrible twos* em inglês), em razão dos desafios que impõe a pais e cuidadores –, é necessário entender que a vontade da criança de fazer alguma coisa é *muito* grande, muito maior do que sua capacidade de compreender uma negativa ou de ter sua atenção desviada para outra coisa. A criança quer, quer, quer e quer. Então, se está para fazer algo perigoso, antecipe-se e retire-a do local, oferecendo alternativa, em vez de apenas mandar, sem atuar sobre a situação (Klein 2011). Sobre isso, veja o que diz esta mãe:

Minha filha tem dois anos e, volta e meia, dá "chilique". Dependendo do lugar, da situação, do motivo, eu ajo de uma forma diferente. Abaixo-me na frente dela, seguro-a firme pelos bracinhos, olho nos olhos dela e converso com o tom de voz mais calmo possível. Depois da conversa, um abraço funciona que é uma beleza! Se estamos no supermercado, simplesmente a pego no colo e saio andando. Se ela está exigindo minha atenção, mas estou lendo um livro, o livro vai obviamente esperar a hora em que ela estiver na caminha. Dou a mão a ela e deixo que me mostre o que quer fazer. Do contrário, lógico que ela ficará frustrada e acontecerá um *chiliquinho*. Se estou fazendo comida e não posso dar mais atenção, puxo uma cadeira, para que ela fique em pé ao meu lado, acompanhando o processo. Aproveito para explicar o que estou fazendo e o que é cada ingrediente.

✼

Tenha sempre em mente o seguinte: quando as orientações e os limites vêm do diálogo, a criança compreende que esse tipo de abordagem se aplica a todas as situações, por mais diferentes que sejam. Ela aprende que pode questionar uma "ordem" e que, no lugar da repressão, receberá uma explicação. Ela aprende que não será punida fisicamente por ser curiosa e por explorar o mundo à sua volta.

Outra mãe compartilha sua experiência:

Acho que oferecer duas opções viáveis para a criança também é válido. Por exemplo, está chovendo e, logicamente, não quero que meu filho saia na chuva, embora ele esteja pronto para ir. Então, ofereço duas outras opções viáveis, como ler livrinhos ou brincar na brinquedoteca, porque está chovendo e lá fora hoje não vai dar. Se preciso ir ao mercadinho e sei que ele está doido para passear, faço um combinado: "Que tal irmos passear na praça?". Quando ele concorda, digo: "Então, depois da praça, a mamãe precisa passar no mercadinho, tudo bem?". Se ele diz não, o que é raro, porque já tem seu desejo atendido antecipadamente, eu insisto: "Mas a mamãe precisa ir, você pode ir comigo?". Pronto, ele adora ajudar e em 99% das vezes concorda em ir.

※

Dialogar, conversar é sempre melhor do que bater, porque as palmadas nem sempre levam à criança o motivo de terem acontecido. A criança sabe, apenas, que não quer voltar a levá-las. *Quando ela deixa de fazer aquilo pelo que foi punida com palmada, deixou apenas por medo, não por entendimento.* Quando repete o ato que foi punido, mostra que perdeu o medo e precisará de palmadas mais intensas ou frequentes. Quando a família percebe, está mergulhada em uma rotina violenta de educação da qual não consegue sair.

Opte sempre por falar calmamente com a criança, explicando-lhe que aquilo que fez não é legal e mostrando qual a melhor forma de proceder. Lembre-se de usar sempre linguagem e exemplos apropriados à idade dela. Algo facilmente compreensível por uma criança de quatro anos, por exemplo, é dizer: "A casa fica bagunçada quando você deixa todos os livros no chão. Da próxima vez, a mamãe/o papai vai gostar mais de vê-los arrumados nos lugares certos". Levante-se e ajude a criança a arrumar a bagunça. Participe e dê o exemplo. Trabalhem em conjunto.

Outro argumento utilizado para o uso das palmadas é "garantir a segurança física da criança, quando elas ainda não entendem o perigo", como garantir que ela não mexa na tomada, que não atravesse a rua, que não pule da varanda, e assim por diante. *No entanto, o papel do adulto é proteger a criança dos perigos. Manifestar essa proteção na forma de castigo físico é, portanto, um contrassenso.* Evita-se um mal cometendo outro. Opte por chamar a atenção da criança, no lugar de agredi-la fisicamente. Uma criança tratada sempre com carinho e gentileza ficará muito surpresa ao receber uma reprimenda firme e enfática e tenderá a interromper o que está fazendo para ouvir quem chamou sua atenção. Se, associada a essa reprimenda, vier uma explicação sobre o motivo que levou o cuidador a chamar a atenção dela, o resultado será muito melhor do que o obtido com o uso de palmadas. A criança saberá, realmente, que o que fez não pode ser feito, sem que se recorra à violência, que nada ensina além de que violentar é permitido. Nesse contexto, lembre-se sempre de guardar os *nãos* e abusar do *sim*, oferecendo alternativas ao comportamento indesejado, sempre que possível.

Outra situação que também é tratada com palmadas por alguns pais, e na qual o diálogo teria ainda maior importância, é quando a criança agride um irmãozinho menor. Nesse caso, vale novamente reforçar: criança aprende com exemplo e empatia. *Como, então, poderá aprender que não se deve bater no menor quando os próprios pais dão o exemplo contrário, batendo nela, que é tão menor que eles?* Sobre isso, uma dica preciosa oferecida por esta mãe:

> Se os irmãos estão brigando, se há ciúmes do bebê, além de dizer que não pode bater, porque machuca, diga que são amigos, que se amam e que precisam de carinho, pegue a mãozinha e coloque para fazer carinho. Com o tempo, param de se bater.

※

Muitas vezes, crianças que batem em irmãos menores estão procurando demonstrar ciúme ou desejando maior atenção. Tente fazer algumas atividades em que a participação de todas as crianças seja importante, envolva-as em atividades nas quais uma precisará ajudar a outra, estimule brincadeiras em que elas se tornem aliadas, não rivais. Procure selecionar brinquedos e atividades que não estimulem a competição, pelo contrário, que unam e fortaleçam. Procure fazê-las entender que são uma equipe, não adversárias. Assim, quando as envolver em atividades domésticas, como arrumação e organização do quarto, por exemplo, procure destinar atividades complementares a cada uma, no lugar de dizer "você precisa arrumar isso porque é a mais velha". Dizer isso sugere que a mais velha arcará com a responsabilidade sobre as coisas que todas as outras crianças utilizam, o que não é interessante, pois não ajuda a desenvolver o senso de corresponsabilidade que todos precisam ter em uma família.

É importante que irmãos se vejam como colaboradores, parceiros. Assim, ainda que o mais velho tenha habilidades que o menor ainda não desenvolveu, distribua atividades que ambos possam fazer, de acordo com suas faixas etárias, mas sempre envolva todas as crianças. Evite, também, repreender todas as crianças pelo mau comportamento de uma delas. Isso cria desentendimentos e estimula a animosidade. Além disso, não ridicularize o filho que apresentou mau comportamento como forma de "dar o exemplo". Ainda que você evidencie seu comportamento inconveniente, faça isso de maneira positiva, dizendo, por exemplo: "Mamãe/papai chamou a atenção da Mariana, porque ela bateu na amiguinha, mas a Mariana já entendeu que bater não é legal e já sabe que, da próxima vez, conversar é melhor". Assim, os irmãos aprendem juntos e desenvolvem empatia no lugar de animosidade.

Uma boa dica, que contribui para manter um clima pacífico, evitando reprimendas frequentes, é, além de estabelecer constantemente o diálogo, não fazer de sua casa, ou do local onde a criança passa grande parte de seu tempo, um campo minado, uma tortura chinesa, onde quase tudo é proibido. Crianças *precisam* de espaços livres para brincar, para explorar. Então, guarde o que for perigoso, cubra as tomadas, proteja as quinas de armários e mesas, coloque travas nas portas, bloqueie locais perigosos. Separe um espaço na cozinha com panelas e utensílios de madeira e deixa-a "cozinhar" com você. Prepare a casa a fim de estimular a livre exploração da criança e de evitar broncas e reprimendas a cada cinco minutos. Isso ajudará a criança a estabelecer autoconfiança e familiaridade com sua própria casa, além de evitar brigas e discussões constantes. Mais vale uma criança ganhando confiança na exploração do ambiente em que se sente mais segura – sua própria casa – do que móveis ou acessórios que embelezam, mas se mostram inadequados à presença de crianças. Prepare-se para abrir mão, temporariamente, de algumas coisas, guardando-as ou emprestando aos amigos. Isso abrirá espaço para as crianças e deixará a família mais tranquila, além de preservar objetos que, porventura, sejam importantes para nós e de exercitar o desapego.

4

CORRIJA ADEQUADAMENTE: USE A RELAÇÃO "ERRO-CONSEQUÊNCIA" E NÃO "ERRO-PUNIÇÃO"

Quando um adulto comete um erro, ele é punido com as consequências de seu ato. Aplique a mesma lógica na correção infantil: em vez de punir a criança que erra com palmada, chinelada, beliscão ou outro tipo de castigo, *introduza a ideia de causa e consequência*. Sujou o sofá? Diga que precisará ajudar a limpar. Quebrou o brinquedo? Mostre que este não funcionará mais. Jogou a bola em lugar inacessível? Mostre que agora não será possível brincar com ela. Tirou todas as roupas do armário? Mostre que agora será preciso guardar tudo.

Perceba que agir assim, apontando a consequência natural de um ato, não representa uma punição, mas uma associação entre causa e consequência imediata. Punir seria, também, associar duas coisas inicialmente não relacionadas, como, por exemplo, "Sujou o sofá? Ficará sem brincar com seu brinquedo favorito"; "Tirou as roupas do armário? Vou te dar uma palmada para você aprender". Não há qualquer relação entre os fatos. Logo, é muito difícil para a criança aprender que a consequência natural de sujar é limpar o que sujou ou que a consequência natural de tirar as coisas do armário é ter de guardá-las novamente. Em uma próxima vez, ela não deixará de sujar porque aprendeu a consequência, mas por medo de ser punida. Isso não estimula, nas crianças, a noção de responsabilidade, de participação ativa e de autonomia nas próprias escolhas. Você pode até pensar: "Tudo bem, mas aprendeu a não fazer". Não, não aprendeu. Ela está apenas com medo. Neste ponto, é muito importante lembrar que tipo de vínculo se constrói quando a educação é baseada no medo ou na violência.

Muitos pais, mães e cuidadores manifestam o desejo de estimular a obediência nas crianças. Criar crianças para que sejam obedientes não deve ser um fim em si mesmo. Quando queremos que elas sejam obedientes apenas porque ouvimos a sociedade em geral dizer que criança boa é criança obediente, estamos apenas sendo autoritários. Ser obediente não deve ser um fim, mas uma consequência, consequência do entendimento das coisas, e as crianças só bem entendem as coisas quando a relação causa-consequência de tudo o que fazem foi bem-compreendida. Por exemplo: quando dizemos "não vá para a rua!" e a criança pergunta "por que não?", responder "porque eu não quero que você vá!" não transmite à criança nenhum tipo de conhecimento ou valor que chame sua atenção para a importância daquilo. Logo, será muito fácil ela não fazer aquilo que você quer que ela faça e, assim, no seu julgamento, ela será uma criança "desobediente", mas ela não é. A mensagem que você passou é que não foi clara o suficiente para que ela estabelecesse uma relação causal com o fato de ir para a rua. Você pode responder: "Não quero que você vá para a rua, porque, na rua, passam carros, motos ou pessoas estranhas e pode ser perigoso. Um carro pode passar muito rápido, você pode não ter tempo de ir para a calçada e pode acontecer um acidente. Você entendeu?". Crianças a partir dos três anos geralmente já conseguem entender essa mensagem – claro, protocolos não existem, e essa idade pode ser bastante variável. Assim, da próxima vez que ela quiser ir para a rua e você disser "não vá para a rua agora!", ela se lembrará das suas orientações, conseguirá avaliar a consequência e é muito mais provável que, realmente, deixe de ir. Aí está uma criança que conseguiu entender uma relação real de causa-consequência e obedeceu a uma orientação.

Note que o objetivo não era conseguir que ela obedecesse, mas que não sofresse acidente ao ir para a rua sem supervisão. Mesmo não sendo o objetivo, ele foi conquistado. Caso a criança, ainda assim, não dê ouvidos ao cuidador e vá para a rua, lembre-se de que ela é a criança, você é o adulto. Assim, mantenha a calma, vá atrás dela, abaixe-se na altura de seus olhos e repita a orientação. Repita quantas vezes for necessário, sem alterar a voz ou perder a paciência. Lembre-se do que já foi dito anteriormente: crianças, muitas vezes, precisam ouvir repetidamente alguma orientação até que consigam abstrair seu real significado.

Quando a criança não faz aquilo que você a orientou a fazer, não a compare ao amigo, dizendo "você não fez direito, mas o Bruno fez". Isso é, novamente, estabelecer uma relação equivocada de causa e consequência, além de estimular na criança a competitividade e a interpretação do outro como oponente. Coloque-se no lugar dela: o que você sentiria se seu superior na empresa onde trabalha o abordasse e dissesse "você não fez direito, mas o Gomes fez"? Isso não tornaria seu trabalho melhor por um passe de mágica, nem lhe daria elementos úteis para melhorá-lo, apenas incitaria a competição entre você e o Gomes, que, agora, passaria à categoria de seu oponente. Não forneça orientações vazias. Se a criança não fez algo como você esperava que fosse feito, faça a si mesmo duas perguntas: 1) era realmente possível fazer aquilo como eu esperava, considerando as habilidades atuais do meu filho?; 2) se sim, e não foi benfeito, o que faltou? A resposta a essa segunda pergunta você dará à criança: "Filho/filha, não ficou legal", ou "não está certo, por isso, por isso e por isso. Você pode fazer assim, assim e assim". Isso é trabalhar, novamente, com causa e consequência e, melhor, é tornar-se efetivamente educador, participando, construindo junto.

Há algo que é preciso levar em consideração: crianças passam por fases de afirmação de personalidade e de conquista de espaço no mundo. Isso tem a ver com testar limites, afinal, se quero saber qual meu espaço no mundo, é natural que eu esteja curioso sobre até onde ele vai, quais são os seus limites. É nessa fase que aparecem comportamentos que os pais, as mães e os cuidadores chamam de "teste" ou "desafio". Você já deve ter ouvido ou até mesmo dito algo como "ele está me testando, ele está me desafiando". Sim e não. Ele está testando, sim, mas não somente você, ele testa o mundo, a fim de entender como as coisas funcionam e até onde pode ir. Nessas horas, a pior coisa que pode haver é uma criança aprender que seus limites vão até onde aparece uma palmada, um xingamento, uma surra, sobretudo porque isso não lhe diz nada sobre limite, mas sobre opressão, violência e, novamente, medo. Conhecer limites significa conhecer as consequências dos próprios atos. Não coloco a mão no fogo, porque me machuca, não porque tomei um tapa na mão. Não machuco meu amigo, porque pessoas não devem se machucar, todas merecem carinho e atenção, e não porque minha mãe ou meu pai me darão uma surra. Não jogo a bola com força na parede, porque ela pode desviar e atingir o vidro, não porque vou ser xingado ou apanhar. Tomar tapa na mão, receber uma surra ou ser xingado e apanhar não ensina sobre limites. Ensina que há alguém que, em nome do amor, tem autorização para me infligir dor. Imagine uma criança exposta repetidamente a isso, durante toda a infância, e entenda por que tantas pessoas aceitam facilmente a violência como forma de amor e se tornam violentadoras ou violentadas sem, de fato, naturalizar a questão.

Ensinar limites passa, diretamente, por ensinar causa e consequência, mas não atribua à causa consequências irreais. Assim, você não ensinará nada sobre respeitar limites, sobre até onde vai o espaço da criança e onde começa o espaço do outro. Você ensinará, somente, que, em algum ponto do caminho, aquilo deve parar, mas não fornecerá indícios sobre quando nem por quê. Se a criança insiste no comportamento desafiador, opositivo, não caia na armadilha atual de rotulá-la com o nome de qualquer tipo de transtorno que alguém disse que existe sem, de fato, ter provas contundentes, talvez até um exame que comprove esse transtorno. Não caia nessa. Há muita gente querendo se aproveitar da angústia materna e paterna para tirar proveitos outros. Toda criança desafia, toda criança quer ver até onde vão os seus limites, toda criança, mais cedo ou mais tarde, manifestará um comportamento opositor, desafiador, sem que, para isso, precise ser rotulada como doente. Você também foi assim, não se lembra? O que determinará a perpetuação de tal comportamento ou o aproveitamento dessa fase e sua transformação em algo positivo serão o acolhimento e a orientação que essa criança receberá enquanto estiver descobrindo o mundo e qual o seu lugar nele. Não tente medir forças com a criança, isso beira a irracionalidade. Ser mãe ou pai não é competir, mas cooperar. Não interprete como pessoal. Há, ali, um ser humano em desenvolvimento, tentando encontrar seu espaço. Oriente-o com amor, paciência e carinho, ele depende de você para respeitar e ser respeitado. Nos momentos de impaciência, saia e vá fazer algo até se acalmar, mas não ceda aos apelos da sociedade violenta que nos incita a ainda mais violência: bater não é trabalhar com uma relação real de causa e consequência.

5

REFORÇOS POSITIVOS: UTILIZE-OS!

Reforçar positivamente um comportamento desejável é altamente recomendável. O elogio a bons comportamentos tem esta função: reforçar na criança que aquilo que ela fez é bom, é melhor do que seu oposto, faz bem a ela e aos que com ela convivem.

Procure elogiar mais do que criticar. Elogios verdadeiros ajudam a conduzir a criança pelo melhor comportamento disponível naquele momento. Essa é uma forma saudável e não violenta de estabelecer bons comportamentos no longo prazo. Adicionalmente, ignorar maus comportamentos quando não representam riscos para a criança e para os outros e oferecer bastante atenção quando ela se comporta bem proporcionam ótimos resultados e oferecem a ela uma base sólida e segura para saber por onde deve ir. Uma criança só tem condições de escolher um bom comportamento em diferentes situações quando se sente segura para concluir que – sim! – aquilo é o melhor a fazer. Insegurança não combina com boas decisões e assertividade. Se queremos crianças seguras na tomada de decisões, precisamos oferecer a elas essa segurança. Reforçar positivamente um comportamento adequado é uma boa maneira de ajudá-las a se tornarem seguras.

Veja esta experiência, compartilhada por uma mãe:

> Elogio meu filho todas as vezes que leva o prato à pia, depois das refeições. Ao mesmo tempo, explico que todo mundo em nossa família colabora, todos colocam os pratos na pia e se revezam para lavá-los. Ele ainda não lava (tem apenas oito anos), mas já entende bem o conceito de que todo mundo tem sua parte na organização de nossa casa. Além de levar o pratinho para a pia, ajuda a dobrar as roupas e as guarda nas gavetas todos os dias. Conforme vai crescendo, vai ganhando novas responsabilidades.

✺

As pesquisadoras Alessandra Turini Bolsoni-Silva e Edna Maria Marturano exploram muito bem a questão da importância do reforço positivo nos comportamentos pró-sociais das crianças no artigo intitulado "Práticas educativas e problemas de comportamento: Uma análise à luz das habilidades sociais" (Bolsoni-Silva e Marturano 2002, pp. 227-228):

> Os pais tendem a ser não contingentes no uso de reforçamento positivo para comportamentos pró-sociais (ignorando-os ou respondendo de forma inapropriada) e empregam freqüentemente punições para comportamentos desviantes (...). Conseqüentemente, comportamentos coercitivos são diretamente reforçados pelos

membros da família, levando a criança a utilizá-los, possivelmente, para sobreviver neste sistema social aversivo. Além disso, os filhos expostos à violência por longos períodos, freqüentemente comportam-se de forma agressiva e, quando são criados em condições negligentes, tornam-se pouco tolerantes à frustração, com pouca motivação para seguirem normas sociais e relativamente imunes ao remorso. Assim, estas crianças, ao ingressarem no ambiente escolar, passam a repetir este padrão, que, somando-se às dificuldades dos professores em lidar com as mesmas, faz com que comportamentos inadequados persistam, prejudicando a aprendizagem e a socialização. Afinal, dificuldades de aprendizagem e problemas de comportamento são duas variáveis bidirecionais, isto é, são causas e efeitos simultaneamente, havendo uma co-ocorrência entre elas.

※

O reforço positivo do comportamento desejável mostra às crianças, na prática, as boas consequências de seus atos. Porém, é importante ressaltar que não se trata de oferecer recompensas materiais, isso mais atrapalha o desenvolvimento do que ajuda. Oferecer recompensas materiais ensina que algo pode ser "comprado" com bom comportamento e não que o bom comportamento é bom por si só. Quando falamos em oferecer reforço positivo, estamos falando de reforço emocional, humano, ligado mais ao sentimento de satisfação pessoal do que à conquista material.

Uma criança que experimente a boa sensação de ter seu esforço e comportamento reconhecidos emocionalmente aprende que vale a pena ser boa, vale a pena mudar o comportamento, vale a pena realizar determinada tarefa ou agir de determinada maneira, porque prevalece o bom relacionamento, o bom clima doméstico, a interação emocional positiva. Uma criança que percebe que seu comportamento foi apenas "comprado" por algo material, acaba vendo nesse bom comportamento apenas um meio de alcançar algo, não um meio de se desenvolver como pessoa.

Os melhores reforços positivos são aqueles que reconhecem emocionalmente o esforço da criança. Quando ela, por exemplo, guarda todos os brinquedos que tirou do lugar e recebe, como reforço positivo, incentivos como "filha, que bom que você guardou tudo; você está muito organizada, parabéns por seu esforço" ou "filho, estou muito feliz por você ter guardado seus brinquedos, você está sendo responsável com suas coisas e isso é muito bom", ela percebe que aquilo a valoriza como pessoa. Ouvir frases como "se você arrumar seu quarto, vou te dar um biscoito" não valoriza a responsabilidade ou o senso de organização, apenas mostra que o biscoito é comprável e que arrumar o que ela própria bagunçou é apenas um meio de atingir um fim, não um fim em si mesmo.

6

BIRRAS: POR QUE ACONTECEM? ENTENDER SUAS ORIGENS AJUDARÁ A LIDAR COM ELAS

Birras são explosões comportamentais.

Crianças fazem birra. Se ainda não fizeram, uma hora vão fazer. Muitas vezes, mesmo diante de fatos tão triviais como não poder comer um doce antes do almoço ou ser impedidas pelos pais de comprar um brinquedo. Uma das explicações para essas explosões do comportamento é: o cérebro infantil não está completamente desenvolvido e pode, com frequência, entrar em "curto-circuito". Para entender como isso é possível, vamos falar um pouquinho sobre nosso cérebro.

Existem duas grandes áreas cerebrais, que vamos chamar de "cérebro reptiliano" e "cérebro mamífero". O *reptiliano* é a parte mais antiga do cérebro humano, sofreu poucas modificações ao longo da evolução e é basicamente igual em todos os vertebrados. Essa região regula funções básicas relacionadas à sobrevivência, como fome, respiração e digestão, além de reações instintivas de defesa e ataque. Já o cérebro *mamífero* é mais complexo e foi sendo moldado ao longo da evolução.

Está relacionado a habilidades de convivência, à construção de relações sociais, à regulação de sentimentos e reações emocionais, como raiva, medo e estresse, pensamentos racionais, capacidade de solucionar problemas, criatividade e imaginação.

O bebê já nasce com a parte reptiliana, que se desenvolve quando ele ainda está no útero da mãe. Já o cérebro *mamífero*, racional (composto por neocórtex, lobos frontais) vai se desenvolvendo durante o crescimento da criança, atingindo a maturidade na vida adulta. Sabendo disso, fica mais fácil compreender por que as crianças não conseguem demonstrar alguns comportamentos de maneira precisa. Esperar uma reação emocional equilibrada de uma criança é como procurar minhoca no asfalto, missão fadada ao fracasso, pois é simplesmente impossível esperar controle emocional, habilidade para tomar decisões equilibradas e noções claras de ética de alguém que ainda não possui os "equipamentos" necessários para isso. Da mesma maneira, a capacidade de compreender as relações de ação e reação, ato e consequência, também está em pleno desenvolvimento, ainda não acabada.

Há alguns desencadeadores de "mau comportamento" – as tais birras – em crianças:

- cansaço;
- tédio;
- fome;
- imaturidade cerebral;
- angústia e necessidades psicológicas não atendidas;

- estresse dos pais;
- emoções intensas;
- estilo de educar dos pais que ativa os sistemas de alarme na parte inferior do cérebro da criança (veja, mais adiante, o capítulo "Como não criar um *bully*").

✺

Uma criança que está fazendo birra por angústia está experimentando um sentimento genuíno, desagradável, que a faz sofrer em maior ou menor grau, e precisa de muita calma e compaixão por parte da mãe, do pai ou do cuidador. Ignorar ou punir a angústia pode ser bastante prejudicial. Assim, procure identificar o tipo de birra ou o gatilho que a disparou e agir de acordo. Converse e tente identificar o que está causando aquela angústia. Muitas vezes, são questões simples, que podem ser resolvidas facilmente pelos cuidadores, mas não pela criança. Outras vezes, são questões bastante complexas, que não podem ser resolvidas com facilidade. Nesses casos, explicar à criança os motivos da impossibilidade de solução ajuda a diminuir a angústia e oferece a ela noções do que está ou não ao nosso alcance.

A criança que grita sem causa aparente, demonstrando comportamento mais agressivo, atirando objetos ou apresentando animosidade pode estar simplesmente entediada. Nesse caso, procure aumentar o tempo que passam brincando juntos. Ofereça alternativas de brincadeiras interessantes. Procure elaborar situações lúdicas no dia a dia. Dê preferência a brinquedos educativos que estimulem o raciocínio e a criatividade. Organize os brinquedos de forma que a criança possa explorar um por vez ou saber exatamente onde encontrar aquele que procura. Essas atitudes simples ajudam as crianças a lidar sozinhas com o tédio, antes de partir para comportamentos extravasadores ou explosivos.

Quando os pais estiverem ocupados com atividades que não podem ser adiadas – como acontece com frequência entre pais e mães que trabalham em casa – e não puderem se dedicar a brincar com o filho naquele exato momento, algumas estratégias ajudam a evitar a ocorrência de birras por tédio, como: aproximar a criança do local de trabalho e dar a ela atividades semelhantes. Se, por exemplo, os pais estão escrevendo, podem destinar um lugar na mesa para que a criança desenhe junto ou colocar sua mesinha ao lado, para que a criança fique perto. Se estiverem cozinhando, a criança pode ajudar em atividades simples relacionadas ao preparo dos alimentos. A arrumação da casa também pode ser feita com a ajuda das crianças, mesmo que simbolicamente, dependendo da idade. As crianças gostam de se sentir úteis, gostam de perceber que estão ajudando a manter a organização da casa, afinal, são parte fundamental dela. Muitas vezes, só estão em busca de contato físico e atenção. Uma pausa no trabalho ou nos afazeres, um colinho, um abraço, observar o céu, as plantinhas ou alguma outra atividade simples acalma a criança e elimina o tédio. Lembre-se: as crianças precisam de contato físico, visual e acolhimento emocional.

Se a criança estiver frustrada, como acontece quando quer algo que não pode obter por exemplo, ajude-a a encontrar as palavras, a expressar seus sentimentos da melhor maneira. Mostre empatia. Empatia é quando você (adulto) usa palavras para descrever o sentimento do seu filho e demonstra que compreende como ele se sente. Mostre interesse pelo problema dele, ainda que seja simplório. Explique os motivos de não poder obter aquilo. Crianças gostam de atenção e precisam que destinemos tempo a elas e que as tratemos de maneira inteligente, explicando com detalhes as situações. Adultos tendem a tratar crianças como bobas, mas as crianças gostam de explicações verdadeiras e percebem facilmente quando algo está sendo explicado de maneira simplista ou fantasiosa. Seja doce e sincero e surpreenda-se com a facilidade com que as crianças entendem um argumento verdadeiro. Se não entenderem dessa vez, uma hora entenderão. Se a criança estiver desapontada, ajude-a a lidar com seus sentimentos de dor, não os ignore.

Se seu filho não o escuta num dado momento, dê-lhe um prazo. Acalme-o e procure conversar sobre a questão que o está aborrecendo quando ele já estiver mais tranquilo, mas não deixe de conversar.

Veja esta experiência, compartilhada por uma mãe:

> Eu acho essencial, para evitar conflitos, preparar a criança para o que vai acontecer. Estou sempre adiantando para elas tudo o que vai acontecer. Quando saímos, digo todos os lugares para onde vamos,

para que não fiquem frustrados, achando que, depois do primeiro lugar, iremos para casa. Na maioria das vezes, deixo para o final algo de que eles gostam muito, como ir ao parquinho. Então, eu aviso: "Vamos primeiro à farmácia, depois ao verdureiro, depois comprar a ração da Lola e depois ao parquinho". Assim, eles se preparam e não se frustram.

A mesma coisa quando temos que ir embora de algum lugar legal. Eu já vou avisando: "Daqui a pouco vamos embora, *o.k.*? Daqui a cinco minutos vamos embora, tá?". Assim, não há birra para ir embora. Muitas vezes, combino tudo antes mesmo de chegar ao lugar legal: "Vamos ficar só um pouco, porque temos que ir para casa almoçar para ir à escola, então, na hora de ir embora, iremos sem briga, combinado?". Funciona muito bem. Muitas vezes, a mais velha me olha quando digo que é hora de ir embora e repete: "Vamos sem briga, né, mamãe?". Também sempre aviso que não vamos levar nenhum brinquedo dos primos ou amigos quando formos embora da casa deles, porque isso tinha virado mania uma época. Só iam embora levando um brinquedo emprestado. Então, agora, eu aviso que não vamos levar nada emprestado, e assim não rola estresse. No mercado, é a mesma coisa: aviso que cada um vai poder escolher um item. Nas lojas de brinquedo, quando vamos comprar presentes, aviso que só vamos comprar presente para o amigo, que as outras coisas nós podemos olhar, mas não comprar. E eles ficam na boa, sem estresse. Na verdade, eles compreendem muito mais do que a gente imagina. Eu acho que antecipar as coisas é uma ferramenta incrível para evitar frustrações.

※

Veja mais uma dica para lidar com birras decorrentes de superestimulação, oferecida por outra mãe:

Meu filho tem um ano e dez meses. Quando fica estressado ou nervoso, procuro pegá-lo no colo e ir com ele para outro ambiente ou local, para que se acalme. Tento desviar a atenção, mostrar algo pelo qual ele se interesse. Quando ele fica mais calmo, aproveito para conversar sobre o que aconteceu.

❈

Uma coisa é importante ressaltar: embora as birras possam ser desafiadoras, elas representam uma grande oportunidade para ajudar seu filho a desenvolver conexões essenciais no cérebro, que o ajudarão a lidar com o estresse no futuro (Sunderland 2006).

7

COMO NÃO CRIAR UM *BULLY*

O termo *bullying* deriva de *bully*, que significa, em inglês, algo como "valentão" ou "brigão", e se caracteriza pela manifestação de comportamentos violentos em diferentes escalas, desde aborrecimentos constantes direcionados a alguém específico até a agressão física declarada, repetida, que provoca sentimentos de tristeza, humilhação, angústia, vergonha, embotamento afetivo, entre outros. Geralmente, o indivíduo alvo de *bullying* encontra bastante dificuldade em reagir, sobretudo por medo de que a situação se agrave, e pode apresentar sintomas como ansiedade, depressão, nervosismo sem causa aparente e, em casos mais graves, ideias recorrentes de suicídio.

Embora muito frequente e com um número cada vez maior de vítimas, há uma grave dificuldade quando o assunto é *bullying*: ele é um comportamento naturalizado, tido como aceitável, normal ou parte do desenvolvimento natural das crianças. No entanto, não deve ser encarado assim. O *bullying* é uma forma de violência e, como tal, não deve jamais ser naturalizado. Sua naturalização contribui para a perpetuação de práticas extremamente prejudiciais às crianças e, como forma de violência, deve ser combatido e nunca minimizado. As práticas de *bullying* acontecem em diferentes ambientes de interação. A escola é um dos principais, pela ocorrência frequente. Isso leva à formação de crianças que associam tais práticas à própria escola e perdem o interesse em frequentá-las ou apresentam dificuldades graves de aprendizado ou concentração. Frequentemente, vemos crianças que enfrentam problemas escolares sem, de fato, terem qualquer tipo de dificuldade cognitiva. Nesses casos, é preciso que se considere a possibilidade de que estejam sendo vítimas de *bullying* ou que estejam presenciando com frequência a violência contra outras crianças.

O risco de criar uma criança que vai praticar *bullying* mais tarde está relacionado a múltiplos fatores. Entre eles, dois têm papel de destaque: o tipo de criação que a criança recebe e os valores que imperam em sua casa.

Vamos discutir, primeiro, a questão da influência do tipo de criação. Um estilo de criação autoritário, em que a criança é disciplinada em excesso, no sentido autoritário do termo, quando é sempre criticada e comandada, pode estar modificando seu sistema cerebral de resposta ao estresse. Isso pode levar seus sistemas cerebrais de raiva e medo à hipersensibilização. Esse tipo de criação autoritária também ensina uma relação de submissão/dominação e, mais tarde, a criança assim criada poderá inverter os papéis, passando de submissa a dominadora em outras relações que tenham a forma de *bullying*. Esse risco é especialmente considerável quando as palmadas fazem parte da educação. Quando a criança é constantemente criticada, comandada e ameaçada, a região de seu cérebro que é essencial para dirigir o pensamento racional, o planejamento e a reflexão pode não se desenvolver adequadamente (Shea *et al.* 2005). Além disso, cria-se um círculo vicioso: essas crianças têm menor capacidade de tolerância e paciência e as pessoas costumam reagir mal a elas, o que reforça ainda mais seus comportamentos.

E qual a relação entre os valores que imperam em sua casa e a prática ou não de *bullying* contra outras crianças? Já mencionamos, e tornamos a repetir: crianças aprendem, prioritariamente, pelo exemplo. Se, no lar ou no ambiente em que vivem, for comum a propagação de ideias preconceituosas, discriminatórias, intolerantes ou de pensamentos de ódio direcionados a pessoas ou grupos sociais específicos, é muito provável que tal naturalização da violência também as influencie negativamente. Elas, seguindo o exemplo negativo que observam naqueles que mais admiram e por quem são mais influenciadas, têm chances muito maiores de replicar tal comportamento no ambiente escolar ou em outros ambientes de interação. Quando a criança cresce em um ambiente de respeito para com todos, de tolerância, de conversas claras sobre o valor do outro, independentemente de nossos próprios conceitos, um ambiente de equidade, comunhão e compaixão, torna-se mais fácil, para ela, problematizar a gravidade da violência e, assim, não propagá-la na forma de *bullying*. Isso não quer dizer que, sempre, invariavelmente, as crianças criadas em lares hostis se tornarão praticantes de *bullying*, nem que jamais teremos uma criança vinda de lar pacífico e justo que se comporte dessa maneira violenta. Porém, não é possível negar ou ignorar o fato de que, sim, o lar onde vive a criança exerce imensa força sobre seu comportamento.

Quando uma criança maior se comporta de maneira violenta com outras crianças, na escola ou fora dela, é bastante reducionista a interpretação daquele comportamento isoladamente do contexto em que ela vive. Ao mesmo tempo, tantas pessoas vêm se perguntando o motivo das práticas de *bullying* terem se tornado cada vez mais frequentes. Uma das explicações possíveis está, justamente, na sociedade e, especialmente, na maneira como as famílias vêm se organizando para lidar com as questões comportamentais de seus filhos. O número de crianças que estão crescendo sem a presença ativa e participante de seus pais e mães vem aumentando. São crianças cujos cuidados foram terceirizados desde sempre e que permanecem distantes de seus pais, mesmo quando eles estão fisicamente presentes. Nesse contexto, as relações se tornam superficiais, tênues e sem valor significativo, o que as leva a crescer sem a devida orientação e sem um forte referencial positivo. A sociedade de consumo, que estimula cada vez mais fortemente o poder de compra, em detrimento do envolvimento humano e afetivo, fomenta cada vez mais a geração de renda, justamente para criar níveis mais elevados de consumo. Extenuados, em razão das múltiplas jornadas, e estressados com tudo o que precisam administrar, os pais muitas vezes são, eles próprios, ainda que não percebam, os primeiros praticantes de *bullying*, justamente contra os próprios filhos.

Da mesma forma, educadores sobrecarregados por múltiplas jornadas, que trabalham em salas de aula cheias e com pouca infraestrutura educacional, veem-se despreparados para lidar positivamente com as questões comportamentais que cada um de seus alunos apresenta. Cria-se, assim, um cenário de menos consciência do outro e das relações que estabelecem entre si, e perpetuam-se as práticas de *bullying*, sem que ambos os lados, o agressor e o agredido, sejam devidamente acolhidos em suas necessidades.

Infelizmente, temos a tendência de transpor a responsabilidade que temos como pais, mães, cuidadores e educadores para outras pessoas e esferas de cuidado. Os educadores culpam os pais, os pais culpam a escola, a escola culpa o governo e o governo culpa a situação mundial. Nada disso acolhe nossas crianças. Somente ao assumirmos a responsabilidade que cada um de nós tem com as crianças e os jovens, que cada esfera de poder e cuidado tem para com eles, é que poderemos cuidar da infância e da juventude como deveríamos. É absolutamente verdadeira a frase que diz que, para cuidar de uma criança, é preciso toda uma comunidade.

    As práticas violentas e o *bullying*, que, em casos extremos, leva a lesões físicas graves e assassinatos, não são responsabilidade exclusiva dos pais. Nem da escola. Nem do governo. São responsabilidade de todas essas esferas conjuntamente. Deixar para que o outro resolva isso, não assumindo a parte que nos cabe como sujeitos ativos na mudança dessa realidade, é perpetuar a violência entre crianças e jovens e condená-los a desfechos tristes, por vezes, trágicos.

8

VAI DOER MAIS NELE QUE EM VOCÊ. SEMPRE

Por que pais, mães e cuidadores batem em crianças e adolescentes?

Frequentemente, famílias que usam palmadas na criação dos filhos não se reconhecem como violentas, acreditam que essa é uma forma de correção, de educação e, portanto, uma demonstração de amor. Porém, essa conexão entre agressão física e amor é perversa, inaceitável e perigosa. É importantíssimo que nos façamos a seguinte pergunta: *que tipo de relação estamos incentivando em nossos filhos ao associar violência a amor?*

Quem bate em um filho, dizendo que foi por amor, está ensinando a ele que é perfeitamente possível apanhar e, ainda assim, amar. Ou bater e, ainda assim, amar. E – *sim!* – esse pode ser um dos reforçadores da violência doméstica futura ou da criação de laços amorosos doentios, baseados na violência.

Vamos além. Vamos discutir o famoso bordão "meu filho, isso vai doer mais em mim do que em você". Essa é uma mensagem que confunde a criança. A verdade é: não vai, não! Vai doer mesmo é na criança, é óbvio! Ainda que os pais estejam se referindo ao sofrimento emocional de fazer um filho sentir dor, se isso fosse verdade, pai nenhum bateria em filho, pois seria o mesmo que se autoflagelar. Essa frase aviltante é apenas uma desculpa que muitos pais usam, na tentativa de justificar as palmadas.

Ainda que você acredite que palmada educa, é importante saber que a resposta que está produzindo na criança é, na verdade, a da *culpa*. Ela se sente culpada pela própria agressão que sofreu. Isso, além de muito cruel, pode gerar traumas psicológicos, mágoas, medo constante de ser agredida, humilhação, subjugação, insegurança, logo em quem é mais frágil: a criança.

Quantas crianças se encolhem ou recuam, colocando a mão sobre as cabecinhas, como que para se proteger, ainda que o pai ou a mãe estejam apenas tentando afagá-las? Isso acontece com muita frequência entre crianças que apanham dos pais. Elas já não sabem quando a mão estendida é para acariciar ou dar um tapa. E não sabem por dois motivos: estão confundindo violência com amor e não entenderam o motivo pelo qual apanharam. Não entenderam, porque não lhes foi efetivamente ensinado. Apenas entenderam que podem apanhar a qualquer momento. Quem apanhou na infância pode se lembrar de diversos momentos como esse.

Alguns pais, mães e cuidadores que usam as palmadas dizendo ser "por amor", "para que a criança cresça sabendo o que é certo e o que é errado", estão se iludindo e ensinando justamente o contrário do que acham que estão ensinando. E mais: estão prejudicando gravemente os próprios filhos. Quando se bate em uma criança por ela ter feito algo que não era para ser feito, com a desculpa de que se está mostrando o que é certo, para a criança, o certo passa a ser *bater*. Afinal, se a pessoa que ela admira tanto ensina a bater, ela aprende que bater é certo. Fica muito mais difícil para essa criança, em outras situações, aceitar que ela mesma não pode bater em alguém.

No contexto da discussão sobre a associação entre violência e amor, é muito relevante que mencionemos a violência praticada contra os filhos em nome do amor, supostamente reforçada por algumas religiões. Muitas pessoas dizem que seguem ou praticam uma determinada religião em busca de um amor maior e de viver amorosamente. Como, então, aceitar que algumas religiões incitem a violência contra a criança? Será que elas incitam mesmo ou seria uma questão de interpretação do que dizem as obras religiosas?

No Brasil, prevalecem religiões de base bíblica. Milhões de brasileiros afirmam encontrar na *Bíblia* um ponto de apoio, inspiração e proteção. Algumas dessas pessoas usam a violência como forma de educar os filhos, com uma suposta justificativa religiosa. Afirmam que as palmadas e outras formas de violência são recomendadas para educar as crianças, de acordo com as palavras bíblicas. Afinal de contas, lá está escrito: "Não poupes ao menino a correção: se tu o castigares com a vara, ele não morrerá, castigando-o com a vara, salvarás sua vida da morada dos mortos" (*Provérbios* 23, 13-14). Ou: "Quem poupa a vara odeia seu filho; quem o ama o castiga na hora precisa" (*Provérbios* 13, 24). Ou, ainda: "A loucura apega-se ao coração da criança; a vara da disciplina afasta-la-á dela" (*Provérbios* 22, 15).

    Saiba que isso está longe de ser consenso entre os próprios religiosos bíblicos. Muitas famílias que seguem os preceitos da *Bíblia* discordam que essas sejam palavras literais incentivadoras da violência. Para entender um pouco melhor essa questão – já que nós, autoras, não seguimos uma religião específica –, conversamos com Mariana Amaral, arquiteta, mãe da Isabel, moderadora conosco e com outros parceiros colaboradores do grupo Maternidade Consciente, ativista pelo respeito à infância e católica desde o nascimento. Mariana discorda de que a *Bíblia* esteja incentivando a violência contra a criança: "Sempre que leio esses ensinamentos, pego a lição de que os pais não devem se furtar da obrigação de educar seus filhos, mostrar a eles o caminho certo a ser seguido, ensiná-los a serem pessoas de bem. Sempre vi a 'vara' como símbolo da disciplina e não como violência literal". Mariana busca em outras palavras da *Bíblia* a justificativa para seu ponto de vista, mostrando que nem tudo o que lá está escrito deve ser tomado literalmente.

Vejamos o seguinte trecho: "Quando irmãos morarem juntos, e um deles morrer, e não tiver filho, então, a mulher do falecido não se casará com homem estranho, de fora; seu cunhado estará com ela, e a receberá por mulher, e fará a obrigação de cunhado com ela. E o primogênito que ela lhe der será o sucessor do nome do irmão falecido, para que seu nome não se apague em Israel" (*Deuteronômio* 25, 5-6). Será que alguém que defende seguir a *Bíblia* sempre de forma literal pensaria seriamente em ter relações sexuais com a cunhada viúva? Ou seria essa uma mensagem para não deixarmos a tal cunhada abandonada à própria sorte após a viuvez? Por que, então, não podemos refletir à luz dos dias atuais em relação aos castigos físicos para crianças?

Por fim, Mariana diz:

> Justamente por amar minha filha, tento respeitá-la o máximo que posso. Justamente por respeitá-la, tento não fazer com ela o que eu não desejaria que fosse feito comigo. E é por isso que não bato nela (não, nem uma palmadinha). E é por isso que eu não a coloco no "cantinho do pensamento". E é por isso que nunca, nunca mesmo, digo a ela ou a levo a crer que não a amo, ou que amo menos, ou que estou decepcionada quando ela faz algo reprovável. Tento não subjugá-la. Tento direcioná-la com amor, fazê-la querer fazer o bem, fazer o certo.

※

Algumas famílias ainda afirmam utilizar a palmada "com parcimônia", "só quando muito necessário", e acreditam que, por demonstrarem afeto e amor de maneira abundante à criança, as eventuais palmadas não sejam tão maléficas. No entanto, a neurocientista americana Elizabeth Gershoff, que dedica a vida a investigar os efeitos das palmadas, pesquisou se os malefícios das palmadas seriam realmente "anulados" em um lar amoroso. Ela descobriu, em um estudo que envolveu mais de três mil crianças, que, iniciando-se com um ano de idade, a presença de palmadas no lar era um fator preditor de problemas comportamentais na criança aos três e cinco anos de idade. Mais que isso, descobriu que o amor e a empatia nesse mesmo lar não foram suficientes para se contrapor aos efeitos negativos do uso das palmadas (Lee, Altschul e Gershoff 2013).

Portanto, a criança que vive em uma família cujo amor é expresso pela gentileza e não pela violência aprende que essas coisas são excludentes e que, assim, é com gentileza que se deve tratar aquele a quem se ama, nunca com violência. Por isso, diz-se tanto que, para termos no futuro uma sociedade amorosa e não violenta, é preciso, hoje, cuidar de nossos pequenos com amor e não com violência.

Lembre-se sempre de que o que educa não são as palmadas, é a preocupação com a vida dos filhos, a empatia, a demonstração de tolerância, o diálogo, os bons exemplos, o respeito. Tudo isso é o que demonstra amor e realmente educa.

9

AGRESSIVIDADE PARENTAL: DE ONDE VEM? COMO RECONHECER SINAIS DE DESCONTROLE?

Quem já viu um cérebro em aulas de anatomia, em imagens de livros ou em *sites* de ciência sabe que ele tem uma superfície composta por diversas dobras. Essa camada que vemos na superfície é chamada de neocórtex. Como o próprio nome diz, é um córtex cerebral "novo", no sentido de ter surgido recentemente na evolução biológica. Isso significa que não está presente em todos os animais. Essa camada surge apenas nos mamíferos – os peixes não têm, os anfíbios e os répteis também não, tampouco as aves. Na maioria dos mamíferos, é uma região muito pouco desenvolvida; é nos primatas que o neocórtex se desenvolve mais, sobretudo nos primatas humanos – eu, você, seu filho, todas as pessoas. Por que isso é importante? Simples: pela função dessa área cerebral.

O neocórtex é um modulador fino do comportamento. Ele garante nossa adequação comportamental a diferentes ambientes. Integrando funções como o pensamento, a análise múltipla da situação, o estabelecimento de estratégias, a análise dos prós e contras de nossas ações, por meio do acionamento da memória, da antecipação de consequências, entre outros. O mais importante para os fins aqui discutidos é que ele regula e controla a expressão do cérebro primitivo, especialmente a expressão de uma estrutura cerebral chamada amígdala, responsável pela modulação do comportamento agressivo.

Para os animais sem neocórtex, as situações que envolvem medo, ameaça e aborrecimento disparam comportamentos de ataque, luta, enfrentamento ou fuga. No entanto, nós, humanos, teoricamente, deveríamos ser capazes de modular nossa agressividade por meio da reflexão – afinal, temos neocórtex bem desenvolvido!

Quando nossos filhos ou as crianças sob nossos cuidados fazem algo que está em desacordo com o que esperamos, é natural que nos contrariemos. A vontade de agir vigorosamente, por vezes de maneira violenta (física ou emocionalmente falando), vem de nosso cérebro primitivo. Porém, a capacidade de refletir, de ponderar, de analisar os fatos – nossos filhos são seres frágeis, que precisam de nós, de orientação e apoio afetuosos, não de violência – nos faz bloquear a expressão do comportamento agressivo primitivo, substituindo-o por um comportamento reflexivo humano.

Quando gritamos com nossos filhos, quando batemos neles, quando os agredimos verbalmente e os ofendemos, estamos dando vazão ao nosso lado primitivo e esquecendo o que nos caracteriza como seres humanos: a capacidade de integrar razão à emoção, de ligar o neocórtex ao sistema límbico (que comanda as emoções). Sempre se diz que animais como cachorros e gatos são, muitas vezes, mais afetuosos que alguns pais, mães e outros cuidadores. Isso não é bobagem. Cachorros e gatos também têm neocórtex e, portanto, conseguem estabelecer relações afetivas moduladas. Por que, então, negar nossa capacidade de modular nosso estado agressivo?

Em resumo: bater em alguém, adulto ou criança, nada mais é que um sinal de inaptidão para controlar os próprios instintos agressivos. É um atestado de ineficiência, de incapacidade. Todos podem aprender a lidar melhor com sua agressividade. Meios físicos para isso – regiões cerebrais –, pelo menos, não nos faltam.

No entanto, diversas situações cotidianas são capazes de nos "tirar do sério", de estimular nosso lado agressivo, primitivo. Um dia de muito trabalho, o acúmulo de problemas, a falta de dinheiro, o trânsito intenso, as muitas contas a vencer, a roupa a ser lavada que não para de aumentar, a falta de sono, entre muitas outras situações comuns do cotidiano. Tudo isso é capaz de diminuir nossa tolerância, o que significa nos colocar em maior contato com nosso cérebro primitivo. Nesse contexto, aparecem os tapas, as palmadas, os beliscões, os gritos e as ameaças, não somente porque nossos filhos assim estimularam, mas porque *nós* estávamos suscetíveis e vulneráveis. Identificar essas situações nos ajuda a ponderar nosso comportamento.

Se nos reconhecemos nervosos, irritados, cansados, isso deve nos ajudar a interpretar melhor o comportamento de nossos filhos. Eles não estão jogando as coisas, bagunçando ou falando alto porque querem nos irritar. Estão agindo como crianças e precisam de orientação.

Ser sincero é sempre um bom caminho, pois mostra a nossos filhos que somos como eles, e não super-heróis, e que temos maus dias. As crianças criadas com afeto são empáticas, conseguem se colocar no lugar dos outros. A dor do outro também dói nelas. Uma mãe que diz "filho, mamãe está cansada, ou chateada, agora; você pode ficar aqui comigo, sem fazer bagunça, e me dar um abraço?" torna-se muito mais próxima e produz um resultado muito melhor e duradouro do que aquela que desconta o cansaço e a chateação sobre quem não tem responsabilidade sobre isso e que daria muito amor para ajudá-la, se a ele fosse pedido.

Agir empaticamente, mostrar as fraquezas, mostrar-se humano, pedir um abraço, dizer que está cansado, com doçura e afeto, aproxima pais e filhos, diminui a hostilidade e cria um clima de cooperação e entendimento.

Faltam-nos, talvez, modelos culturais que incentivem, apoiem e valorizem a educação infantil baseada na disciplina positiva. Pode ser um pouco mais difícil agir de maneira diferente do modelo no qual estamos imersos e do qual estamos impregnados, mas não é impossível. Uma dica? Procure grupos de apoio em sua cidade, nas redes sociais, entre seus amigos e familiares, com a finalidade de se aproximar de outros pais, mães e cuidadores que pratiquem a disciplina positiva. Logo, você perceberá que não está sozinho na busca por uma forma mais respeitosa, conectada e não violenta de educar seus filhos e que o apoio de outras pessoas tornará sua prática educativa mais fácil e acolhedora.

Conhecer os conceitos de inteligência emocional também o ajudará a reformular seus hábitos de criação e o ajudará a mudar padrões de comportamento e a não ceder à violência para educar seus filhos. Chama-se inteligência emocional a habilidade de identificar, usar, entender e controlar as próprias emoções de maneira positiva, a fim de aliviar estresse, comunicar-se efetivamente, desenvolver a empatia, superar obstáculos e lidar com conflitos. O reconhecimento e a prática da inteligência emocional causam um impacto profundo em vários aspectos da vida, até na maneira como interagimos com outras pessoas. Desenvolver uma alta inteligência emocional significa desenvolver a capacidade de reconhecer os próprios estados emocionais e os dos outros.

Pais, mães e cuidadores precisam ser capazes de entender suas próprias emoções e lidar com elas, para, somente então, fazer o mesmo com as crianças. Quando a inteligência emocional do pai, da mãe ou do cuidador não foi estimulada na infância (não recebeu demonstrações de empatia, por exemplo), torna-se, consequentemente, mais difícil a transmissão de tais ensinamentos aos filhos.

Vamos discutir cinco maneiras de aprimorar a inteligência emocional, a fim de desenvolver habilidades para reduzir os níveis de estresse, reconhecer e administrar as próprias emoções, conectar-se com os outros por meio da comunicação não verbal e resolver conflitos de maneira positiva.

Atente para o fato de que o aprendizado de tais habilidades não acontece apenas com a leitura dos tópicos que se seguem; são necessárias, sobretudo, sua vivência e sua aplicação prática cotidiana.

Reduza rapidamente os níveis de estresse

Altos níveis de estresse interferem em seu estado físico, emocional e na maneira como você enxerga as situações do dia a dia, facilitando o comportamento violento ou agressivo. Perceba se está estressado. Identifique qual é sua reação ao estresse, a fim de livrar-se dele. Ao se perceber bravo, agitado ou irritado, a prática de atividades relaxantes pode ajudá-lo a reduzir a irritação e voltar aos níveis basais e à calma. Ao se perceber depressivo, triste, sem empolgação para suas atividades, procure fazer algo estimulante: ouvir uma música animada, ler um texto divertido, conversar com alguém que o faça sorrir, descubra o que lhe traz mais alegria. Descubra quais técnicas funcionam melhor para você, afinal, as pessoas reagem de maneira diferente a diferentes estímulos.

Desenvolva sua consciência emocional

Perceber as próprias emoções, conectar-se com elas e entender como influenciam nossos atos e pensamentos é a chave para compreendermos a nós mesmos e aos outros. Muitos se mostram desconectados das próprias emoções, especialmente as intensas, como raiva, tristeza, medo e alegria. Isso também pode ser resultado de uma infância marcada por experiências negativas, que ensinaram a "desligar" nossa conexão com nossos próprios sentimentos, a fim de nos preservar de sofrimento ainda maior. Porém, embora possamos distorcer, negar ou anestesiar nossos sentimentos, não podemos eliminá-los; eles ainda estão lá, estejamos cientes ou não disso. Sem o desenvolvimento da consciência emocional, não é possível compreender completamente nossas próprias motivações e necessidades ou nos comunicarmos efetivamente com os outros, com nossos filhos também. Pergunte a si mesmo: que tipo de relação tenho com minhas próprias emoções? Elas são acompanhadas de sensações físicas, tais como aperto no peito ou dor de estômago? Estou prestando suficiente atenção às minhas próprias emoções? *Elas têm peso nas decisões que venho tomando?*

Se nenhuma dessas experiências lhe é familiar, pode ser que suas emoções estejam abafadas ou desligadas. Para sermos emocionalmente saudáveis e inteligentes, é necessário nos reconectarmos às nossas emoções mais profundas e nos sentirmos confortáveis com elas. Como podemos educar bem nossos filhos, sem recorrer à violência, se nem sequer sabemos identificar nossos estados emocionais? Quando os identificamos, conseguimos saber que possíveis irritações, tristezas ou aborrecimentos nada têm a ver com o fato de a criança ter deixado um sapato espalhado pela casa, por exemplo. Assim, conseguimos modular melhor nossa reação e orientar melhor a criança, pedindo para que guarde o sapato no local devido, em vez de gritar, bater ou descontar nosso estado emocional sobre quem nada tem a ver com ele. Podemos desenvolver nossa consciência emocional em qualquer época da vida: o primeiro passo é aprender a lidar com o estresse – o que remonta à orientação anterior.

■ Desenvolva sua habilidade de comunicação não verbal

Estabelecer vínculo positivo com nossos filhos requer que saibamos nos comunicar melhor. Ser um bom comunicador requer mais do que habilidades verbais, pois, frequentemente, *o que* nós falamos é menos importante do que *como* falamos, do que outros sinais não verbais que fazemos (como gestos), do quão rápido ou alto falamos, de quão perto estamos da pessoa, de quanto olho no olho está se fazendo. Para que as crianças prestem atenção e confiem em nós, precisamos estar cientes de como controlamos nossa linguagem corporal. É preciso também sermos capazes de "ler" e responder a sinais não verbais que elas nos enviam. As mensagens não acabam quando paramos de falar ou quando estamos em silêncio. Pense sobre o que está transmitindo e se o que fala combina com o que sente. Se você insistir em dizer "estou bem" enquanto range os dentes e evita olhar nos olhos do outro, seu corpo estará sinalizando o oposto. Suas mensagens não verbais podem transmitir interesse, confiança, desejo de conexão ou gerar medo, confusão, desconfiança e desinteresse.

Para melhorar a comunicação não verbal, é preciso, primeiro, trabalhar a habilidade de lidar com o estresse, reconhecer as próprias emoções e entender os sinais que estão sendo enviados e recebidos. Na comunicação com as crianças, é importante focar nelas (sem pensar em outro assunto), olhar nos olhos delas e prestar atenção em sinais não verbais, tais como expressão facial, tom de voz, postura, gestos, toques, rapidez, entre outros.

Use o humor e a brincadeira para lidar com desafios

O humor, os risos, a linguagem lúdica são, todos, anticorpos naturais para as dificuldades da vida; deixam as situações pesadas mais leves e ajudam a colocar as coisas em perspectiva. Uma boa risada reduz o estresse, melhora o humor e recupera de um desgaste nervoso. A comunicação lúdica aperfeiçoa e desenvolve nossa inteligência emocional e nos ajuda a enxergar as frustrações de outras perspectivas, a lidar com as diferenças, a relaxar, a energizar e a aumentar a criatividade. Tudo isso é fundamental para sair de uma situação conflitante que envolva crianças, sem recorrer à violência. Nunca é tarde para desenvolver a comunicação lúdica e abraçar seu lado bem-humorado e brincalhão. Tente separar tempo todos os dias para relaxar ludicamente com seus filhos e procure atividades descontraídas, que facilitem a conexão com a natureza lúdica das crianças. Quer algo melhor para desenvolver esse lado do que brincar com elas? Quanto mais brincamos, menos nos aborrecemos, menos nos irritamos, mais somos amáveis e não violentos. Brincar com as crianças aumenta muito a qualidade e a força do vínculo.

■ Resolva os conflitos positivamente

Conflitos são inevitáveis em qualquer relação, pois não é possível que duas pessoas tenham as mesmas necessidades, opiniões e expectativas o tempo todo. Entretanto, isso não precisa ser ruim. A resolução de conflitos pode ser saudável, construtiva e aumentar o vínculo entre as pessoas. Quando um conflito não é visto como ameaça ou punição, há um estímulo à liberdade, à criatividade e à segurança nas relações. A habilidade de resolver conflitos de maneira positiva vem das outras quatro habilidades que auxiliam a aprimorar nossa inteligência emocional, mencionadas anteriormente. Uma vez que se consiga lidar com o estresse, estar emocionalmente presente, comunicar-se não verbalmente e usar o humor e a brincadeira, melhores serão as condições para lidar com as emoções geradoras de conflitos.

Existem algumas atitudes que auxiliam a resolver conflitos de modo positivo. Foque no presente. Se você se livra de acontecimentos passados, de ressentimentos, então consegue reconhecer a realidade do presente e visualizar o conflito como uma nova oportunidade de resolver sentimentos passados. Se a criança fez algo indevido, de nada adianta relembrar aborrecimentos antigos em vez de orientá-la sobre o erro atual. Auxiliá-la a resolver o problema imediato de modo pacífico, por outro lado, vai ajudá-la a superar o aborrecimento ou angústia passados. Escolha seus argumentos: argumentar gasta tempo e energia, especialmente se você quer resolver a situação de forma positiva. Escolha o que vale a pena e o que não vale. Perdoe; o comportamento inadequado da criança no passado já passou. Para resolver o conflito de agora, é preciso desistir de punir ou de se vingar pelo que já aconteceu. Finalize conflitos que não podem ser resolvidos: quando um não quer, dois não brigam.

Trabalhe sua inteligência emocional. Ela lhe proporcionará melhores condições para lidar com os conflitos do dia a dia na relação com seus filhos ou com as crianças sob sua responsabilidade.

10

VIOLÊNCIA EMOCIONAL E RESILIÊNCIA

"Eu desisto de você."
"Você não faz nada certo."
"Você é mentiroso!"
"Ah, isso é coisa do fulano. Não se pode esperar nada dele."
"Você não vai chegar a lugar algum."
"Você é problemático!"
"Você é impossível!"
"Seu irmão faz, só você que não."

Infelizmente, essas são frases muito comuns em alguns círculos familiares e, também, em ambientes escolares. Comuns e muito mais frequentes do que pensamos. No entanto, representam ofensa, constrangimento e humilhação. Se você não sabia, saiba agora: *são formas de violência*, capazes de deixar marcas profundas na criança e no adolescente. Marcas que podem alterar para sempre a imagem que eles têm ou estão construindo de si mesmos. O mais grave de tudo é que a maioria dos pais, mães e cuidadores tem grande dificuldade em reconhecer que essas violências verbais também são formas de agredir uma criança. A violência psicológica é caracterizada pela desqualificação da criança. Ela é menosprezada, suas habilidades e capacidades são diminuídas, ela é demasiadamente cobrada para ser algo que não é ou comparada pejorativamente com outras pessoas. A violência psicológica se expressa em comportamentos de rejeição, isolamento, terrorismo emocional, entre outras formas. Muitos estudos e levantamentos apontam a violência emocional e psíquica como a principal forma de abuso contra a criança, sendo, muitas vezes, naturalizada.

Criança que sofre esse tipo de violência passa a questionar o próprio valor, a se achar incapaz de ser amada. Ela não entende como a pessoa que mais deveria amá-la pode dizer aquelas coisas para ela, ameaçá-la, tratá-la com desprezo, humilhá-la ou privá-la de amor. Fica pensando "por quê?", "por quê?", sem encontrar a resposta. Às vezes, convence-se de que é porque ela merece e, talvez, cresça achando que merece ser tratada assim. Criança alguma merece crescer pensando isso (Sena 2010).

A violência emocional se mostra uma forma velada de violência, que não deixa marcas visíveis e, por isso, é mais difícil de ser detectada precocemente. Assim, seus efeitos podem ser ainda mais nocivos que os associados à violência física. A concepção cultural de que o filho é propriedade dos pais naturaliza a violência emocional, vista, em inúmeras situações, desde o imperativo "eu mando e você obedece, porque você é meu filho e não tem querer!" até o esmagamento da autoestima da criança em "você não faz nada certo, é um imprestável". Frases violentas dos pais, das mães ou dos cuidadores direcionadas às crianças representam a negação da criança como ser merecedor de respeito. Representam a negação das vontades próprias da criança. Representam a exclusão dos seus direitos como cidadã. Preparam a criança para crescer vendo a si mesma como propriedade de terceiros, sem valor intrínseco, precisando constantemente ser comandada, e sem representação como cidadã. A violência emocional, no longo prazo, representa o indivíduo que diz categórica ou simbolicamente: "Quem sou eu para merecer tão boa coisa? Eu não sou ninguém".

Por sua naturalização ou, talvez, pelo fato de não exigir grandes movimentos ou esforços físicos e de poder ser feita, também, no meio de outras pessoas, sem que estas percebam, a violência emocional é ainda mais fácil de ser praticada que a violência física, sobretudo em situações em que pais, mães e cuidadores estão sob pressão, nervosos em razão de outros problemas, cansados, sobrecarregados ou com demandas importantes e difíceis a serem resolvidas. Nessas situações, um xingamento, uma ofensa, uma humilhação contra a criança se tornam mais frequentes e raramente são vistos como violência pelos praticantes, que tratam de arrumar justificativas para o próprio comportamento. Assim, uma orientação fundamental contra a violência emocional é: *acalme-se!* Antes de qualquer coisa, acalme-se! Ao perceber que está prestes a ofender ou magoar seu filho, acalme-se! Se for preciso, afaste-se do local momentaneamente, lave o rosto, tome um copo d'água, feche os olhos, ligue para um amigo, ouça uma música. Controle a própria impulsividade. Lembre-se de que você tem um neocórtex capaz de ajudar a modular seu comportamento agressivo primitivo. Bloqueie palavras duras ou ofensivas antes que sejam ditas. Lembre-se do provérbio chinês que diz: "Existem três coisas que nunca voltam atrás: a flecha lançada, a palavra pronunciada e a oportunidade perdida".

Não é tão raro quanto gostaríamos que fosse: alguns pais, mães e cuidadores rejeitam os próprios filhos e as crianças que estão sob seus cuidados. A rejeição também é uma forma de violência emocional. Uma criança rejeitada é uma criança que está sendo empurrada ativamente para um abismo emocional, para uma vida solitária, na qual não se sentirá querida, amada, importante, valiosa. A rejeição talvez seja uma das formas mais cruéis de violência contra a criança, em virtude de seus efeitos deletérios. Se você perceber que está vivendo sentimentos de rejeição com relação a alguma criança próxima, busque ajuda, procure alguém, converse sobre isso, trate esse problema, que é seu, não dela. Faça tudo o que estiver a seu alcance para entender as causas de seu comportamento e modificá-lo. Criança nenhuma merece ser rejeitada. Todas as crianças precisam ser acolhidas e respeitadas, incluindo, especialmente, aquelas que demonstram dificuldades sociais e que são, frequentemente, mal-aceitas pelas pessoas em geral. Inclua, não exclua. Abrace, não afaste. Lide com esse problema, não o ignore.

Muitos dizem que viveram diferentes formas de violência quando criança e não percebem nenhum tipo de problema atualmente nas próprias vidas. Surge a pergunta: por que algumas pessoas levam uma vida normal mesmo tendo sido submetidas à violência quando crianças, ao passo que outras se tornam o que a sociedade chama de "delinquentes" ou desenvolvem problemas emocionais severos? Aí, entra uma ideia ainda pouco discutida, o conceito de *resiliência*.

Ser resiliente significa ter a habilidade de se adaptar, com êxito, a eventos estressantes, mesmo no caso de um indivíduo exposto a fatores de risco. Em outras palavras, resiliência seria conseguir se recuperar de uma adversidade, adaptar-se e levar uma vida significativa e produtiva "a despeito dela".

Existem indivíduos mais resilientes, outros menos – ou nada – resilientes. Os primeiros são os "duros na queda"; os segundos são os mais frágeis, os que adoecem (física ou mentalmente) ao menor estresse, que não têm uma estrutura emocional para aguentar tanta adversidade.

Por que essa diferença? O que faz com que as pessoas sejam assim diferentes nesse aspecto? É, também, uma questão de desenvolvimento neurobiológico, entre tantos outros fatores.

Como saber se uma criança será mais resiliente ou menos resiliente? Como saber se ela será, no futuro, alguém que valorizará a não violência e o estabelecimento de relações afetivas saudáveis e harmônicas ou se se tornará uma reprodutora da violência, ainda que tenha sido submetida a ela? Não é possível uma resposta simples a essas perguntas, mas uma coisa é certa: mais resilientes ou menos resilientes, ambas sofrerão com as lembranças da violência a que foram submetidas, independentemente da forma como processaram o que viveram. Ser resiliente não afasta o sofrimento de saber que alguém as tratou mal, as machucou e as fez chorar até dormir, ou seja, o sofrimento estará presente de qualquer forma.

11

SOBREVIVER NÃO É O BASTANTE

As crianças necessitam tão desesperadamente do contato e da atenção dos seus pais que são mesmo capazes de aceitar os maus-tratos como prova de carinho, à falta de melhor. Algumas crianças que não conseguem receber atenção salutar suficiente pelas vias normais chegam a procurar uma atenção patológica por vias anormais. Pensa que o seu filho pediria uma palmada se pudesse ou soubesse como pedir outra coisa, se fosse capaz (em casos mais graves) de conceber a existência de outra coisa? Também espero que algum dia os meus filhos sintam saudades minhas e me recordem com carinho. Espero que não seja por uma palmada ou um pontapé. E o leitor? Que recordação indelével gostaria de deixar?

A passagem acima, de Carlos González (2005, p. 199), autor que já mencionamos anteriormente, trata de algo fundamental: que tipo de experiência de infância você quer deixar na memória e no coração de seus filhos? Você gostaria que seus filhos se lembrassem de você como um agressor, alguém sem paciência, alguém violento, sem autocontrole? Você se sentiria bem em ouvir seu filho dizer que "sobreviveu" ao tratamento violento que recebeu quando criança? Ou preferiria ser lembrado pelo amor incondicional, pelo respeito, pelo colo sempre disponível, pelas palavras de apoio, pelo não julgamento e pela não violência?

Muitas pessoas manifestam apoio a palmadas e outras formas de violência contra a criança, fazendo menção à própria experiência violenta de infância, dizendo que, mesmo tendo apanhado e sido vítimas de outras formas de abusos, não se tornaram más pessoas. Vem daí o clássico "apanhei e sobrevivi". Não se espante ao saber que, de regra, são essas mesmas pessoas que apoiam a violência como forma de educação. A verdade é que elas se consideram boas pessoas *não porque apanharam*, mas porque muitas outras coisas boas lhes foram passadas e, isso sim, fez a diferença. Se ainda mais coisas boas lhes tivessem sido passadas, no lugar da violência, imaginem quão melhores seriam!

Ninguém deseja, verdadeiramente, um filho que "sobreviva", que se torne um sobrevivente dos abusos físicos e emocionais que recebeu na infância. O que queremos é que nossos filhos vivam bem, vivam felizes, cresçam saudáveis. Você, que apanhou e diz que sobreviveu, como se sente diante da possibilidade de ser melhor ainda do que é, sem ter experimentado dor? Como se sente dizendo que sobreviveu? Vitorioso? Você sobreviveu a quê? A um lar violento? Sobreviveu aos próprios pais? Você realmente deseja criar filhos que sobrevivam à sua violência?

Vale também reforçar que as crianças não são propriedade dos pais. Elas estão sob a responsabilidade deles, mas precisam que sua integridade física seja respeitada. O castigo físico em crianças é uma forma autoritária de exercer o poder e, consequentemente, de ensinar às crianças que, em situações de poder, a violência pode ser uma ferramenta útil de controle. *E, então, estaremos, sem perceber, criando os tiranos do futuro.* É imensamente importante ressaltar isso, já que algumas pessoas dizem que os tiranos surgem quando não apanham. Está mostrado, portanto, que isso não é verdadeiro. O tirano aprende a tirania pelo exemplo. Tiranos não são criados com amor. São criados com opressão, autoritarismo, ausência de empatia, críticas exacerbadas, intolerância e violência.

Eduque seu filho de maneira que ele reconheça a própria dignidade. Esse é um grande presente para o futuro dele, no que diz respeito à saúde mental, à inteligência emocional e social. É um legado que você deixará.

12

NÃO TENHA MEDO: QUEBRE O CICLO!

Outra explicação para o fato de que os castigos físicos sobreviverem até hoje em alguns países é a *cultura*. Nós reproduzimos a educação que recebemos, e, como muitos dos adultos de hoje apanharam quando criança, o ciclo de violência continua a ser reproduzido.

A neurociência também ajuda a explicar essa perpetuação. O cérebro que sofre violência muda. Poucos dos indivíduos que sofreram alguma forma de violência na infância se indignam, se revoltam e passam a lutar contra a violência. Grande parte naturaliza a violência, tornando-a de alguma forma aceitável. Quando somos crianças, nosso cérebro não consegue vincular nada de negativo à própria mãe – ou ao indivíduo que faz o papel da mãe. A amígdala simplesmente não faz essa associação, em um mecanismo biológico evolutivamente selecionado. Como resultado, as crianças que apanham, apesar de terem medo da punição, não acham que a mãe seja má ou esteja errada. Assim, se torna um adulto que acha que apanhou "porque mereceu" e passa a legitimar a prática da violência, a achar que dar palmadas é correto. Isso porque considerar que é errado, inaceitável, equivaleria a julgar como errada a ação da mãe. Assim, segue o exemplo recebido e passa a bater nos próprios filhos, perpetuando o círculo vicioso.

Quebrar o ciclo não significa negar os próprios pais ou cuidadores, quando foram violentos. Significa compreender profundamente todos os contextos e entender, verdadeiramente, que as experiências constroem quem somos, *mas não determinam quem somos*. Quando falamos sobre cérebro, nosso tom é de possibilidade, de contribuição, de participação da estrutura neurobiológica em um processo mais amplo, nunca de determinação.

Nada nos determina. Nada nos sujeita. Assim deve ser.

Se fomos criados com violência, não precisamos passar isso para frente. Isso seria reproduzir, sem questionamentos, sem reflexão, sem entendimento, comportamentos que nos fizeram sofrer. O passado passou. Vamos recomeçar.

Criar com amor nos ajuda, também, a ressignificar experiências anteriores. Faz bem às gerações futuras, aproxima as atuais, concilia as gerações passadas.

Algumas pessoas, hoje engajadas na luta contra a violência às crianças, que conseguiram quebrar o ciclo danoso de violência, ofereceram depoimentos sinceros sobre suas trajetórias. Finalizamos este livro com suas palavras, com o objetivo de inspirar todos aqueles que assim queiram proceder.

Só me dei conta de que sofria violência na infância depois de ter sido mãe e começar a pesquisar sobre formas de educação. Até aquele momento, achava o que grande parte da nossa população acha, que o que minha mãe fazia comigo era muito normal. As violências não foram excessivas e eram esporádicas. Mas foram marcantes a ponto de, até hoje, eu me flagrar, algumas vezes, repetindo o mesmo com minhas filhas. Mergulhei fundo na campanha "Bater em criança é covardia", em 2008, na época do Orkut, com o intuito de, principalmente, mudar minha própria visão e tentar mudar um pouco a visão dos meus amigos. Foi uma maneira de mostrar a mim mesma que existem outras formas de criação e fazer com que eu nunca esquecesse disso e praticasse sempre a disciplina positiva. As violências que sofri foram gritos, palmadas com sandália lepe-lepe (sandália de couro do nordeste), cascudos, castigos com direito a *entupa-se* (quem nunca ouviu isso?) na hora do choro e ser acordada no meio da noite para tomar banho, porque tinha vindo da rua suada de tanto brincar e tinha me esquecido de tomar banho.

Não sou mãe, ainda estou na fase das tentativas, mas sou tia. Tanto eu quanto meu marido apanhamos na infância, nada excessivo, mas marcante. Para mim, principalmente na adolescência, era, sim, abusivo. Conversamos muito sobre a vontade de não repetir essa atitude com nossos filhos, visto que grande parte das surras era mais por frustração dos nossos pais do que pelo desejo de corrigir e educar. Conversamos também com nossos irmãos, pois nossos sobrinhos apanham com a conivência de todos quando fazem birra, quando não querem comer e, principalmente, quando tratam os pais com violência, o que é uma incoerência. Tento conversar, mostrando que estão corrigindo violência com outra maior ainda, mas é muito difícil encerrar o ciclo. Por isso, conversamos desde já, pois acho fundamental acertar os valores que queremos transmitir aos nossos filhos o quanto antes; isso é decisivo para querer ter filhos com esse companheiro.

�֎

Eu fui vítima de vários tipos de violência na infância – desde castigos de dias até surras de cinto e ofensas verbais fortíssimas. Quando meu filho fez dois anos, em alguns momentos em que eu gritava e quase chegava a bater nele, eu me sentia péssima e tinha crises de choro. Pensava que odiava ser como minha mãe. Fiz uma sessão com uma psicóloga, que me perguntou: "Você odeia se ver como sua mãe ou se ver em seu filho?". Então, descobri que o que me incomodava era ver, nele, a criança oprimida, sofrida, ofendida e violentada que fui. Então, muita oração do perdão, muito colo para minha criança interna e muito trabalho mental. Ainda há momentos em que grito, que falo o que não devo, que sou obrigada a pedir perdão a meu filho, mas acho que já venci o ciclo de violência e que crio meu filho de uma forma muito mais amorosa e respeitosa.

✖

Eu e meu irmão apanhamos na infância. Quando meu filho nasceu, minha mãe me chamou para uma conversa entre mãe e filha. Sempre me lembro das palavras dela: "Filha, às vezes, seu filho vai fazer coisas que te deixarão brava e, talvez, você ache que ele mereça apanhar, mas não cometa os mesmos erros que cometi. Hoje, vejo quantas surras foram desnecessárias quando mais paciência e uma boa conversa resolveriam. Então, nessas horas, respire fundo, pense em quanto você é importante para ele e tenha paciência. E, por mais brava que esteja, lembre-se de que ele é apenas uma criança. Me desculpe pelas vezes que te fiz sofrer. Minha infância também foi marcada por surras, mas, se você tiver isso em mente, uma conversa como esta nossa de hoje nunca vai precisar acontecer!". Toda vez que acontecem situações que me estressam, penso nisso. E, se vejo que vou perder a paciência, chamo o pai, o avô, para me ajudar. Aí, conversamos, nos acalmamos e espero que, assim, meu filho aprenda que tudo pode ser resolvido com paciência, respeito, conversa e amor, porque, quando tudo passa, é isso o que sobra, amor. E se eu já amava minha mãe antes dessa conversa, depois dela, o amor é ainda maior.

※

Não fui vítima, mas testemunha. Ser testemunha e perceber que os adultos se omitiam me deixou com uma intolerância à violência contra criança, o que me faz até intervir quando presencio uma cena dessas.

※

Apanhei pouquíssimas vezes. As surras não me marcaram tanto, o que me marcou mesmo foram os gritos. Fui criada na base do grito e da ofensa. Não eram ofensas pesadas, mas ouvir "você é burra?" a cada erro dói muito. Tenho horror a grito até hoje. Não concordo com violência, física ou verbal, mas acredito que deveríamos dar mais atenção à violência verbal contra as crianças: ela é menos combatida que a física e, no entanto, também gera dor e trauma.

※

Não apanhei, porque minha mãe quebrou o ciclo da violência. Ela apanhou muito, muito mesmo e, por esse motivo, nunca ergueu a mão para mim. Sou muito grata a ela por isso.

※

Nunca gostei de apanhar da minha mãe. Encarei sempre como uma piada, pois ela me batia com um chinelo que não doía. Depois de apanhar, tinha o desejo de que meus pais morressem. Só era essa, na minha cabeça, a chance de aquilo acabar. Na cabeça dos meus pais, eu ainda estava levando moleza, pois os pais haviam batido neles de forma muito mais violenta. Engraçado, minhas avós não concordavam com que batessem em mim e nas minhas irmãs. Eu pergunto aos meus pais hoje: e se eu batesse em minha filha? Eles ficam barbarizados. É engraçado isso, que tipo de relação permite bater em um filho e só enxergar o absurdo quando se tem um neto? Sinto que a violência já se dá quando nascemos, pelos médicos e pediatras, que nos retiram de nossas mães de maneira abrupta, e isso é considerado normal! Hoje, com minha filha, toda a dor que sofri voltou e essa dor faz meu coração dar a ela muito amor.

✶

Seja física ou verbal, a violência sempre é avassaladora. Eu apanhava se derrubasse algo no chão sem querer, se respondesse, se fizesse qualquer coisa, até mesmo coisas normais de criança. Na hora da lição de casa, quando não fazia a letra do jeito que meu pai queria, era gritaria, estresse, choro e violência, sempre. Galho de árvore, fio de eletrodoméstico, chinelo, tapa, cinto. A força com que se batia era aquela que junta todo o ódio de pais impacientes e despreparados para criar filhos. Ah, como doía! Na alma. Gritava, chorava, pedia por favor, implorava: "Para! Tá bom!". Pulava de dor. Pensava: "Nunca, jamais, vou bater nos meus filhos". Meu pai batia com toda força. Na hora, eu olhava minha pele, a marca que deixava. Subia um vergão vermelho, às vezes até sangrava. Já corri até a janela, gritando por socorro. Era festival de pancadas, tios, avós, pais. O pior foi que, quando meu filho nasceu, pensei em fazer o mesmo. Achava que, se eu não batesse nele hoje, ele apanharia da polícia amanhã (a velha conversa fiada). Com o tempo, aprendendo com os grupos, resolvi que esse não era o melhor caminho. Não é isso o que quero que meu filho passe. Lembro-me de como me sentia. Angustiada, com vontade de me matar. Pensava que não era digna de viver. Viver para apanhar daquele jeito? Por que eles batiam assim? Não era justo! Fora a violência verbal. Hoje, sou uma pessoa com extrema dificuldade em mostrar meus sentimentos, conversar sobre algo que me incomode, tenho crises de choro, fico pensando que ninguém gosta de mim, sou tímida, já me cortei (nos braços, em momentos difíceis). Pedia ao meu avô para me levar ao psicólogo, eu só tinha uns nove anos. Hoje, tento quebrar esse ciclo. Já me descontrolei e dei uns tapas, mas me arrependi imediatamente, chorei muito, me senti a pior mãe do mundo. Mas tenho ciência de que não quero isso para ele, e que tenho que melhorar. Não quero bater no meu filho! Não vou bater nele!

※

Quando decidi que não queria passar por esta vida sem a experiência da maternidade, procurei um psicólogo e comecei a terapia. A primeira coisa que eu disse foi que não queria ser a minha mãe no futuro. Fui criada por uma mãe solteira, mãe de dois filhos mais velhos que eu, brancos, loiros, de cabelos lisos. Meu pai também era branco, só a mãe dele que não, e saí puxando a minha avó, ou seja, "negra, negrinha, horrorosa, feia, nariz que boi pisou, ninguém vai se casar com você, vai ficar em casa para cuidar da mãe na velhice". A agressão verbal vinha de toda a família materna, mas a violência física veio de minha mãe, que me violentava constantemente. Apanhei tanto, mas tanto, que, aos dez anos, tive minha primeira crise de depressão. Pensei em suicídio várias vezes. Minha mãe me batia com vara de pitangueira, porque é resistente. O braço dela doía e só assim parava, mas o cipó continuava forte. Uma vez ela me jogou uma enxada de jardinagem, o que me fez correr muito para não ser atingida. Apanhei no rosto. As faíscas do tapa nunca sumiram da minha vista. Fui espetada com garfo na barriga. Eu tinha que ser muda, falar qualquer coisa já era motivo de surra. Eu a perdoei e, todo dia, quando me lembro de algo, vou perdoando. Entrei nos grupos de maternidade exatamente porque quero que meu filho seja educado e não espancado. Toda vez que eu gritei, eu pedi desculpas a ele e disse que estava me policiando para que isso parasse de acontecer. Não bato nele, mas um dia puxei seu braço mais forte, por conta de uma briga com uma coleguinha. O olhar dele para mim e para o bracinho me perturbam sempre que me lembro e jamais farei isso novamente. Aliás, depois das leituras, nunca mais houve episódios de gritaria ou qualquer violência. Tenho me sentido multiplicadora e repasso às mães com quem convivo as coisas que leio, mostro a elas que as crianças têm apenas dois aninhos e não precisam apanhar, porque estão descobrindo os limites, o corpo, o espaço em que vivem. Cada vez que a gente tem a oportunidade de falar a respeito, um nó é desfeito e as lágrimas que eu chorei me lembrando de tudo que vivi servem como uma faxina na alma.

Das dores que tenho com relação a minha família, ter sido vítima da violência da minha mãe é a mais dolorosa. Sempre a vi, durante minha infância, como uma pessoa admirável. Ela era bonita, inteligente, engraçada, trabalhadora, as pessoas a admiravam muito. Mas me batia constantemente. Me batia por motivos nem sempre relevantes: porque eu molhava o chão em brincadeiras de água, porque eu fazia um trabalho da escola de maneira que ela não gostava, porque não comia o tanto que ela achava que devia comer, porque fazia xixi na calça. Apanhei com as mãos, com chinelos e com cintos. Na cabeça, no bumbum, nas pernas, na boca. Lembro-me de que, depois de toda a violência, ela saía do quarto e eu ficava ali, caída no chão ou sentada na cama, e chorava muito, me sentia muito só e perguntava a mim mesma por que ela não me amava, por que eu não podia receber amor, por que as mães dos meus amigos os tratavam com carinho e comigo era daquela maneira. Cheguei a pensar que talvez ela quisesse que eu morresse e, muitas vezes, dormi pedindo a Deus que me levasse, que não me deixasse acordar. Eu sabia que ela me amava. Ela cuidava de mim com muita dedicação, mas a violência era algo aceitável, incentivado. Pairava um clima de ameaça constante em nossa casa. Lembro-me de episódios de violência desde os três anos de idade até os vinte e poucos. Foram incontáveis as vezes em que chorei até dormir, ainda muito pequena, de dor física da violência e de dor emocional por não me sentir amada. Houve uma época da minha vida em que decidi não ser mãe, porque tinha medo de reproduzir o que havia vivido. Não queria que ninguém passasse pelo que eu havia passado, e tinha medo de replicar o comportamento. Então, um dia, engravidei. Lembro-me de dizer em voz alta, ao saber que estava grávida: "Nesta barriga, há uma criança que será amada acima de tudo e nunca, jamais, sofrerá alguma forma de violência vinda de mim ou de seu pai". Obviamente, não tenho controle sobre as ações dos outros, mas sabia que demonstrar carinho e não violência para minha filha seria condição obrigatória para permanecer ou não com o pai dela. Hoje, tenho imensa satisfação e alegria de dizer: quebrei o ciclo. Hoje, que entendo todas as raízes da violência, também vejo minha mãe como vítima de uma educação autoritária, muito violenta e despreparada. Quebrei o ciclo! A violência contra a criança é algo inaceitável para mim, totalmente inaceitável. Sei que tenho ajudado muitas pessoas a superar seus traumas e inseguranças e, principalmente, a não reproduzir o que viveram.

REFERÊNCIAS BIBLIOGRÁFICAS

BOLSONI-SILVA, A.T. e MARTURANO, E.M. (2002). "Práticas educativas e problemas de comportamento: Uma análise à luz das habilidades sociais". *Estudos de Psicologia (Natal)*, v. 7, n. 2, pp. 227-235. [Disponível na internet: http://www.scielo.br/pdf/epsic/v7n2/a04v07n2.pdf, acesso em 25/3/2014.]

DURRANT, J. e ENSOM, R. (2012). "Physical punishment of children: Lessons from 20 years of research". *CMAJ*, v. 184, n. 12, 4 set., pp. 1.373-1.377. [Disponível na internet: http://www.cmaj.ca/content/184/12/1373, acesso em 25/3/2014.]

FLETCHER, J. (2012). "Positive parenting, not physical punishment". *CMAJ*, v. 184, n. 12, 4 set., p. 1.339. [Disponível na internet: http://www.cmaj.ca/content/184/12/1339.full, acesso em 25/3/2014.]

GONZÁLEZ, C. (2005). *Bésame mucho: Como criar seus filhos com amor*. Trad. Isabel Haber. Rev. Raquel Dang. Cascais: Pergaminho. (Pais Modernos)

HAGERTY, M.R. (1999). "Testing Maslow's hierarchy of needs: National quality-of-life across time". *Social Indicators Research*, v. 46, n. 3, pp. 249-271.

KLEIN, T.M. (2011). Quase 10 anos: A história de uma educação sem palmadas. [Disponível na internet: http://guiadobebe.uol.com.

br/quase-10-anos-a-historia-de-uma-educacao-sem-palmadas, acesso em 25/3/2014.]

LEE, S.J.; ALTSCHUL, I. e GERSHOFF, E.T. (2013). "Does warmth moderate longitudinal associations between maternal spanking and child aggression in early childhood?". *Dev. Psychol.*, v. 49, n. 11, pp. 2.017-2.028.

SENA, L.M. (2010). Por que rimar amor e dor?. [Disponível na internet: http://www.cientistaqueviroumae.com.br/2010/11/pra-que-rimar-amor-e-dor.html, acesso em 25/3/2014.]

_____ (2013). Educação sem violência. Porque bater não é educar. [Disponível na internet: http://www.cientistaqueviroumae.com.br/2013/02/educacao-sem-violencia-porque-bater-nao.html, acesso em 25/3/2014.]

SHEA, A. *et al.* (2005). "Child maltreatment and HPA axis dysregulation: Relationship to major depressive disorder and post-traumatic stress disorder in females". *Psychoneuroendocrinology*, v. 30, n. 2, fev., pp. 162-178.

SUNDERLAND, M. (2006). *The science of parenting*. Nova York: DK Publishing.